대한검정회 한자급수자격검정시험대비

오늘한자

6급

에듀히어로
Edu HERO

"진짜 히어로는 우리 아이들입니다!"

에듀히어로는
우리 아이들이 밝고 건강한 내일을 꿈꿀 수 있도록
긍정적이고 효과적인 교육 서비스를 제공하는 것을
최우선 목표로 하고 있습니다.

그 존재만으로도 든든한 히어로처럼 아이들의 곁에서
힘이 되어 주고, 나아가 아이들 각자가 스스로의 인생 속
히어로가 될 수 있도록

우리는 진심과 열정을 다해 아이들과 함께할 것을 약속 드립니다.

네이버 카페
교재 상세 소개와 진단 테스트 및 유용하게 풀 수 있는 학습 자료를 다운로드 해 보세요.

인스타그램
에듀히어로 인스타그램을 팔로우하시면 다양한 이벤트와 신간 소식을 빠르게 만나 보실 수 있습니다.

카카오톡 채널
자녀 공부 상담 및 자유로운 질문을 남겨 주세요. 함께 고민하고 답변해 드리겠습니다.

히어로컨텐츠 HEROCONTENTS

발행일 2024년 1월   **발행인** 이예찬

기획개발 한송이   **발행처** 히어로컨텐츠

디자인 KL Design   **삽화** 정유나

감수 및 모의시험 출제 김률민(前 대한검정회 시험출제위원)

주소 서울특별시 금천구 서부샛길 632, 7층(대륭테크노타운5차)

전화 02-862-2220   **팩스** 02-862-2227

지원카페 cafe.naver.com/eduherocafe   **인스타그램** @edu__hero   **카카오톡** 에듀히어로

* 잘못된 책은 바꿔드립니다.
* 이 책의 전부 또는 일부 내용을 재사용하려면 사전에 저작권자의 동의를 받아야 합니다.

대한검정회 한자급수자격증이 생기는 마~법!

우리말에는 한자로 구성된 많은 한자어가 포함되어 있기 때문에 한자를 배우면 우리말 또한 더욱 잘 이해할 수 있고 풍성하게 표현할 수 있어요. 이 책에 수록한 기초 한자와 한자어를 학습하고 한자급수자격검정시험을 준비하는 과정은 말과 글을 배우고 익히는 어린이들에게 다음과 같은 여러 장점을 줄 수 있어요.

일상 속 한자와 한자어 이해

한 개의 한자를 학습하는 것만으로도 학습 한자와 관련된 여러 한자어의 의미를 익히고 유추할 수 있게 돼요. 한자어의 뜻을 무작정 외우려고 하기보다는, 일상에서 쓰이는 한자를 배우고 익힘으로써 자연스럽게 한자어의 뜻을 파악하고 이해할 수 있게 됩니다.

어휘력, 표현력, 문해력, 의사소통 능력 향상

한자를 아는 것은 어휘력, 문해력 및 표현력 향상에 큰 도움이 돼요. 책을 읽거나 대화를 나눌 때도 문장의 뜻을 더욱 잘 이해하고 자신의 의견을 상대방에게 더욱 풍부하게 표현할 수 있어요. 이는 서로 간의 원활하고 다채로운 의사소통을 가능하게 해 줍니다.

교과 과목 학습 흥미, 학업 성취도 향상

한자를 알면 학교에서 배우는 교과서 속 한자어들을 마냥 어려워하거나 낯설어 하지 않게 돼요. 뜻 모를 한자어에 주눅 들지 않고 자연스럽게 학교 수업에 즐겁게 참여하게 되고, 이는 과목에 대한 흥미 향상과 학업 성취도 향상으로 이어지게 됩니다.

자신감, 성취감 달성

무엇보다도 대한검정회 한자급수자격검정시험 준비 및 합격의 과정을 통해 아이들에게 '할 수 있어!'라는 자신감과 '해냈어!'라는 성취감의 씨앗이 무한히 자라게 됩니다.

스스로 책을 읽거나 자기 생각을 조리 있게 표현하기 시작하는 연령대의 어린이들이 1일 1개의 한자 학습으로 우리말 속 한자어를 더욱 잘 이해할 수 있는 동시에, 한자급수자격검정시험 합격이라는 소중한 성취감을 달성할 수 있기를 진심으로 응원합니다!

에듀히어로

이 책의 구성과 특징

하루 1자씩 20일 프로그램

대한검정회에서 주관하는 한자급수자격검정시험 6급의 선정 한자는 8급에서 배운 30자와 7급에서 배운 20자를 포함하여 총 70자입니다. [오늘한자 6급]은 신규 한자 20자를 한 주에 4자씩 배분하여 하루에 1자씩 5주에 걸쳐 공부하도록 구성하였습니다. 따라서 딱 20일이면 6급 한자 전부를 완벽하게 학습하고 시험을 대비할 수 있습니다.

1. '한눈에 보는' 주차별 한자

한 주 동안 공부할 한자를 한눈에 확인해 보고 새로운 한자에 대한 기대와 흥미를 유발하여 학습 효과가 극대화됩니다.

2. '하루 한 자' 오늘 한자

큰 글씨의 한자와 한자의 뜻이 연상되는 그림, 한자가 형성된 원리와 일상 속 한자어를 함께 수록하여 재밌고 자연스럽게 학습합니다.

3. '또박또박' 따라 쓰기

한자마다 획순을 익혀 가며 학습하고 빈칸에 한 글자씩 또박또박 따라 쓰다 보면, 바른 필체를 갖게 되고 집중력이 향상됩니다.

4. '실력쑥쑥' 연습 문제

당일에 배운 한자와 연관된 다양한 유형의 연습 문제를 풀어 보며, 한자 실력에 대한 자신감이 자라납니다.

5. '재미있는' 놀이 한자

꼬불꼬불 미로 찾기, 반듯반듯 선 잇기,
알쏭달쏭 스도쿠 등 다양한 놀이를 통해 한자를
쉽고 재미있게 익힙니다.

6. '족집게' 예상 문제

급수 시험과 동일한 형태의 예상 문제로
한 주의 한자 학습을 마무리하며, 학습 효과를
점검하고 시험에 대한 자신감을 길러 줍니다.

7. 부록

❶ '한 걸음 더' 한자 어휘

뜻이 서로 반대되는 한자와 뜻이 비슷한 한자, 뜻이 반대되는 한자어와 두음 법칙을 적용받는 한자를 통해 한자를 더욱 잘 알고 이해할 수 있습니다.

❷ '차근차근' 확인 학습

6급 선정 한자 70자의 한자와 음운을 빈칸에 쓰면서 차근차근 확인할 수 있도록 구성했습니다.

❸ 모의시험과 OMR 답안지

기출 유형을 면밀히 분석하여 모의시험을 구성했으며, 답안지 작성법을 익힐 수 있도록 실제 OMR 답안지를 수록했습니다.

❹ '손안에 쏙' 한자 카드

간편하게 휴대할 수 있는 알록달록 귀여운 그림과 학습 한자가 수록된 한자 카드를 구성했습니다.

한자 이야기

한자의 기본 구성 요소

한자는 한자의 생김새나 모양을 뜻하는 '형(形)'과 한자가 가지고 있는 뜻을 나타내는 '훈(訓)', 그리고 한자를 읽을 때 소리인 '음(音)'으로 이루어져 있어요.

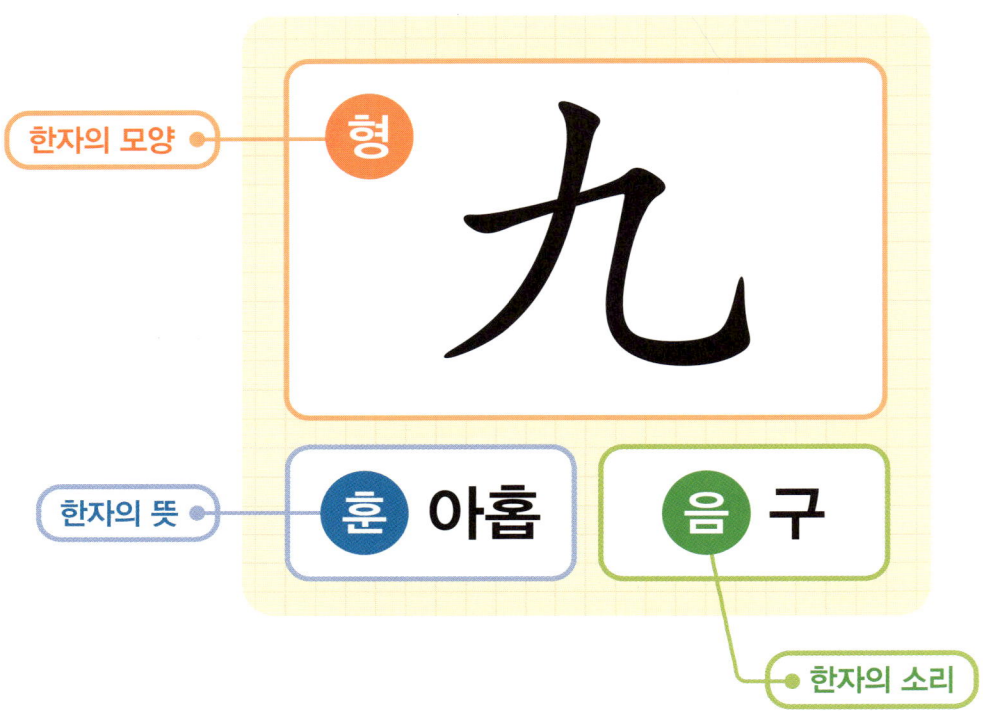

한자 학습 기초 용어

한자 공부를 할 때, 자주 쓰이는 용어들이에요. 학습 용어의 뜻을 알면, 문장이나 문제의 뜻도 어렵지 않게 잘 이해할 수 있어요.

획	한자를 쓸 때 한 번 그은 줄이나 점	획순	한자를 쓸 때 획을 긋는 순서
가로	왼쪽에서 오른쪽으로의 방향	세로	위에서 아래로의 방향
훈	한자의 뜻	음	한자의 소리
부수	한자의 뜻을 대표하는 한자	동의자	같은 뜻을 가지고 있는 한자
유의자	비슷한 뜻을 가지고 있는 한자	반의자	반대의 뜻을 가지고 있는 한자

한자의 획순

한자는 획으로 이루어져 있고, 이 획은 몇 가지 정해진 규칙에 따라 씁니다. 이 규칙을 잘 알고 있으면 한자를 바르게 쓸 수 있어요.

❶ 위에서부터 아래로 써요.
三 → 三 三 三

❷ 왼쪽에서부터 오른쪽으로 써요.
江 → 江 江 江 江 江

❸ 가로획과 세로획이 겹칠 때는 가로획부터 써요.
用 → 用 用 用 用 用

❹ 삐침과 파임이 있을 때는 삐침을 먼저 써요.
人 → 人 人

❺ 획이 좌우 대칭일 때는 가운데를 먼저 써요.
小 → 小 小 小

❻ 둘러싼 모양의 한자는 바깥쪽을 먼저 써요.
內 → 內 內 內 內

❼ 한자를 가로지르는 가로획은 나중에 써요.
母 → 母 母 母 母 母

❽ 한자 전체에 긋는 세로획은 나중에 써요.
牛 → 牛 牛 牛 牛

❾ 왼쪽에 있는 부수 중 책받침은 나중에 써요.
迅 → 迅 迅 迅 迅 迅 迅 迅

❿ 오른쪽 위에 있는 점은 나중에 써요.
犬 → 犬 犬 犬 犬

한자의 부수

부수는 뜻으로 나누어 놓은 한자의 무리에서 뜻을 대표하는 글자로, 한자 자전에서 글자를 찾는 길잡이 역할을 해요. 부수는 한자의 뜻과 관련이 있기 때문에 부수를 잘 익혀 놓으면 모르는 한자의 뜻도 짐작해 보거나 이해할 수 있어요. 부수에 해당하는 한자가 다른 글자 속에 위치할 때는 그 모양이 변하기도 해요(水→江). 부수는 한자의 여러 위치에 놓여 쓰이는데, 놓이는 위치에 따라 부수를 이르는 말이 각각 달라요.

변
부수가 글자의 왼쪽에 있을 때

방
부수가 글자의 오른쪽에 있을 때

머리
부수가 글자의 위에 있을 때

발
부수가 글자의 아래에 있을 때

받침
부수가 글자의 왼쪽과 아래에 걸쳐 있을 때

엄호
부수가 글자의 위와 왼쪽에 걸쳐 있을 때

몸
부수가 글자의 바깥 부분을 둘러싸고 있을 때

제부수
글자 자체가 부수일 때

한자의 육서

한자가 만들어지고 사용되는 원리에 대한 여섯 가지 명칭을 '육서(六書)'라고 해요.
육서(六書)를 살펴보면 한자가 어떻게 만들어지고, 어떻게 쓰여 왔는지를 알 수 있어요.

상형 실제 사물의 모습을 그대로 본떠 만들고, 사물의 특징을 비교적 간단한 선으로 표현하여 한자를 만드는 방법이에요.

지사 점 또는 선으로 상징적인 부호를 표현하거나 추상적인 개념을 뜻하는 한자를 만드는 방법이에요.

 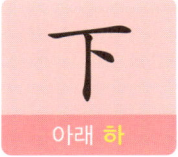

회의 두 개 이상의 상형자 또는 지사자를 합해 새로운 뜻을 가진 한자를 만드는 방법이에요.

형성 한 한자의 뜻을 표현하는 부분과 다른 한 한자의 소리를 표현하는 부분을 합해 새로운 한자를 만드는 방법이에요.

전주 새로운 한자를 만드는 것이 아닌, 이미 있는 한자의 의미를 변화시켜 다른 뜻으로 사용하는 방법이에요.

가차 어떤 뜻을 나타내는 한자가 없을 때, 뜻과는 상관없이 발음이 같거나 비슷한 한자를 빌려와 새 한자를 만드는 방법이에요.

대한검정회 한자급수자격검정시험 소개

한자급수자격검정시험 주최 기관 및 등급 유형

- **자격명**: 한자급수자격검정
- **주최 기관**: 사단법인 대한민국한자교육연구회 대한검정회
- **등록등급**: 8급, 7급, 6급, 준5급, 5급, 준4급, 4급, 준3급, 3급, 대사범
- **공인등급**: 준2급, 2급, 준1급, 1급, 사범

한자급수자격검정시험 출제 형식 및 합격 기준

급수별 상세 항목	교육 급수												
	8급	7급	6급	준5급	5급	준4급	4급	준3급	3급	준2급	2급	준1급	1급
선정 한자 수 (*신규 한자)	30자	50자 (*20자)	70자 (*20자)	100자 (*30자)	250자 (*150자)	400자 (*150자)	600자 (*200자)	800자 (*200자)	1,000자 (*200자)	1,500자 (*500자)	2,000자 (*500자)	2,500자 (*500자)	3,500자 (*1,000자)
출제 문항 수	25문항	50문항							100문항			150문항	
출제 형식	객관식(25문항)	객관식(50문항)							객관식(50문항) 주관식(50문항)			객관식(50문항) 주관식(100문항)	
합격 기준 (70점 이상)	25문항 중 18문항 이상	50문항 중 35문항 이상							100문항 중 70문항 이상			150문항 중 105문항 이상	
시험 시간(분)	40분								60분			90분	

*각 급수별 선정 한자 수는 하위 급수의 선정 한자 수를 포함한 것입니다.
(예: 8급 선정 한자 30자 + 7급 신규 한자 20자 = 7급 선정 한자 50자)

대한검정회 한자급수자격검정시험 응시 유형 및 유의 사항

항목	현장 한자급수자격검정시험	온라인 한자급수자격검정시험
응시 가능 등급	8급 ~ 대사범	8급 ~ 준3급
준비물	• 수험표, 검정색 볼펜, 수정 테이프, 실내화 • 신분증 단, 8급~준3급 응시자 중 만 12세 이하의 경우 신분증 없이 수험표만으로도 고사장 입실 가능	• 시험 응시 기기: PC, 노트북, 태블릿 PC 중 택 1 • 신분 확인 기기: 스마트폰
유의 사항	• 13시 40분까지 본인 응시 좌석에 착석 • 반드시 전자기기의 전원 버튼 끄기 (부정 행위 방지) • 답안 표기 수정 시 답안지 교체 요청 또는 수정 테이프로 수정	• 인터넷 연결이 원활하며 정숙하게 시험을 마칠 수 있는 실내 공간에서 응시(야외X, 자동차 안 X) • 온라인 고사실(Zoom) 입실 시간에 맞춰 실명으로 입장

원서 접수 및 응시 일정은 대한검정회 사정에 의해 변경될 수 있으므로 대한검정회 홈페이지를 참조하시기 바랍니다.
(https://www.hanja.ne.kr)

6급 신규 한자 20자

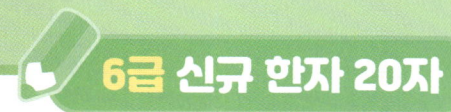

• 대한검정회 한자급수자격검정시험 6급의 시험 범위는 7급 선정 한자 50자와 6급에서 새로 추가된 20자를 합한 총 70자입니다.

ㄱ

犬 개 견	己 몸 기	ㄹ 林 수풀 림	ㅁ 馬 말 마
名 이름 명	ㅂ 百 일백 백	ㅅ 生 날 생	石 돌 석
先 먼저 선	姓 성씨 성	心 마음 심	ㅇ 羊 양 양
魚 물고기 어	玉 구슬 옥	牛 소 우	耳 귀 이
ㅈ 地 땅 지	ㅊ 川 내 천	千 일천 천	天 하늘 천

7급 포함 한자 20자

8급 포함 한자 30자

7급 한자 복습

1 그림의 수를 세어 보고 알맞은 한자를 골라 빈칸에 써 보세요.

> 보기   一 二 三 四 五 六 七 八 九 十

7급 한자 복습

2 그림과 어울리는 한자를 찾아 선으로 연결해 보세요.

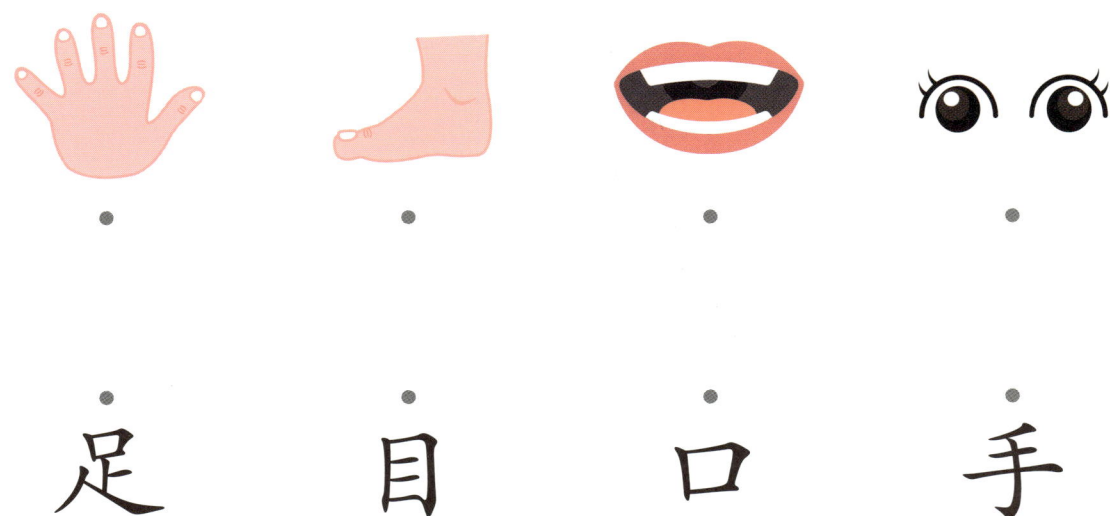

3 그림에 알맞은 한자를 골라 빈칸에 써 보세요.

> **보기**　　大　　中　　小

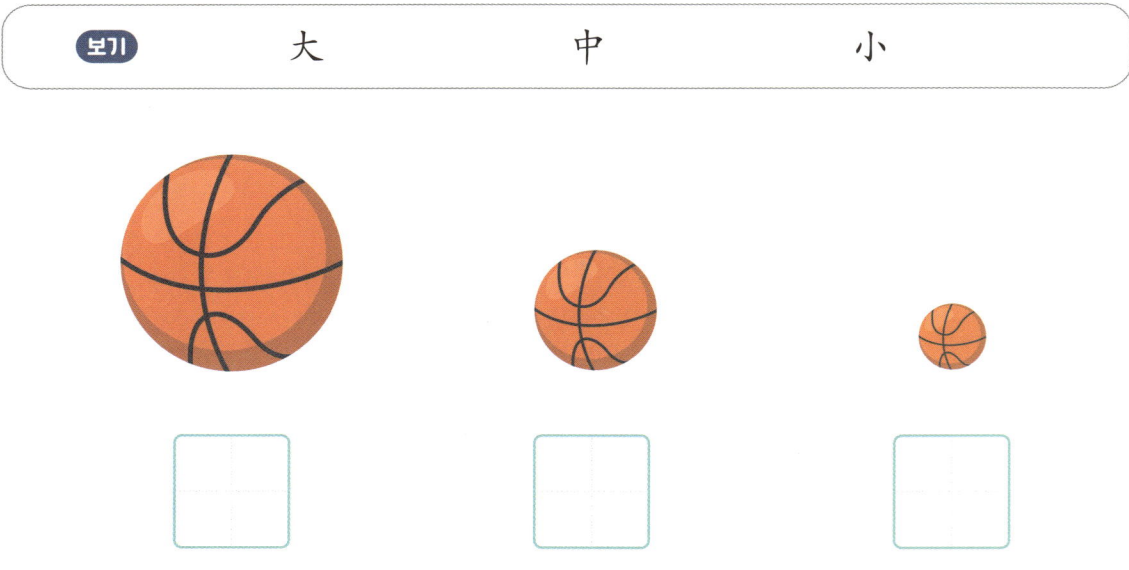

[4-6] 다음 문장을 읽고 물음에 알맞은 답을 골라 그 번호를 쓰세요.

江을 따라가다 보면 그 위에 山이 있습니다.

4 위의 밑줄 친 '江'을 바르게 읽은 것은 무엇일까요? ( )

① 상　　　　　② 강　　　　　③ 장　　　　　④ 길

5 위의 밑줄 친 '위'를 뜻하는 한자를 바르게 쓴 것은 무엇일까요? ( )

① 上　　　　　② 下　　　　　③ 中　　　　　④ 西

6 위의 밑줄 친 '山'을 바르게 읽은 것은 무엇일까요? ( )

① 길　　　　　② 강　　　　　③ 산　　　　　④ 토

7 달력의 비어 있는 요일에 알맞은 한자를 써 보세요.

[8-9] 그림에 알맞은 한자를 골라 그 번호를 쓰세요.

[10-12] 왼쪽 한자와 어울리는 그림을 골라 O표 하세요.

13 빈칸에 알맞은 한자 또는 뜻과 음을 써 보세요.

보기				
一	人	男		
한 일			아들 자	맏 형

父			西	南
	어머니 모	아우 제		

	出	內		門
왼 좌			바깥 외	

年	青			水
		흰 백	불 화	

차례

1주차 동물 ·· 21
犬, 馬, 羊, 牛

2주차 동물, 자연 ·· 39
魚, 川, 天, 地

3주차 자연, 차례 ·· 57
林, 玉, 石, 先

4주차 수, 이름 ·· 75
百, 千, 姓, 名

5주차 신체 ·· 93
己, 耳, 心, 生

정답 및 부록 ·· 111

한자 어휘(뜻이 반대되는 한자, 뜻이 비슷한 한자, 뜻이 반대되는 한자어, 두음 법칙을 적용받는 한자), **확인 학습, 모의시험, 정답, OMR 답안지, 한자 카드**

1주차

동물

1주차에 배울 한자를 살펴보세요.

- **1일** 犬 개 견 ·················· 22
- **2일** 馬 말 마 ·················· 26
- **3일** 羊 양 양 ·················· 30
- **4일** 牛 소 우 ·················· 34

⭐ 1주차 6급 예상 문제 ·················· 38

1일 개 견

오늘 한자

 개 견

개를 뜻하고
견이라고 읽어요.

- **형성 원리** [상형] 개의 옆 모양을 본뜬 글자로, '개'를 뜻해요.
- **일상 속 한자어** 애견인(愛犬人): 개를 몹시 귀여워하는 사람.
  애완견(愛玩犬): 좋아하여 가까이 두고 귀여워하며 기르는 개.
  탐지견(探知犬): 냄새를 맡아 숨겨 놓은 대상물을 찾아내는 데 쓰는 훈련된 개.

✏️ '개 견'을 모두 찾아 ⭕표 하세요.

犬   大   木   犬   犬   大

또박또박 따라 쓰기

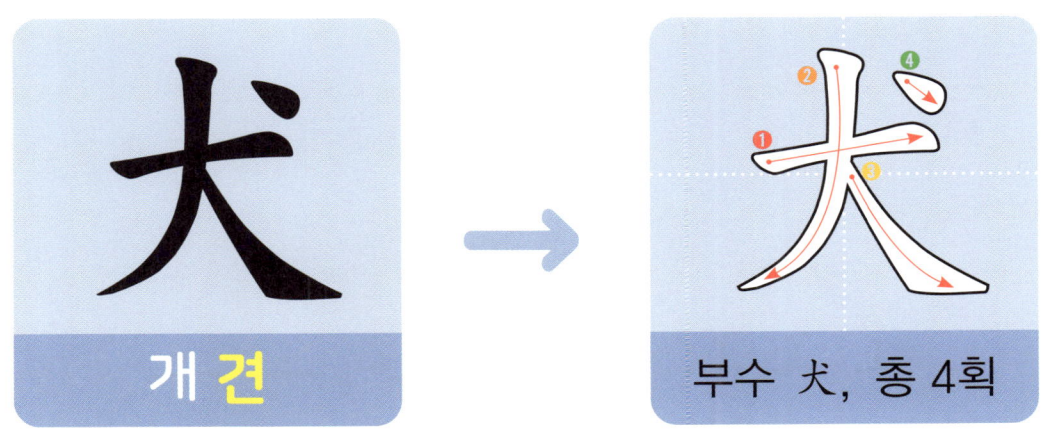

🔸 쓰는 순서에 맞추어 한자를 바르게 쓰고 익혀 보세요.

쓰는 순서 犬 犬 犬 犬

실력쑥쑥 연습 문제

1 '개의 옆 모양'을 본떠 만든 한자를 골라 그 번호를 쓰세요.

> 보기   ① 大   ② 犬   ③ 木   ④ 六

(   )

2 다음 한자어를 바르게 읽은 것을 골라 그 번호를 쓰세요.   (   )

> 白犬

① 이목   ② 백견   ③ 명견   ④ 대문

3 다음 한자의 뜻과 음을 써 보세요.

犬

뜻 _____   음 _____

재미있는 놀이 한자

◆ 왼쪽 한자와 어울리는 그림을 골라 O표 하세요.

2일 말 마

오늘 한자

뜻 말 음 마

말을 뜻하고
마라고 읽어요.

형성 원리 [상형] 말의 머리와 갈기와 꼬리와 네 다리의 모양을 본뜬 글자로, '말'을 뜻해요.

일상 속 한자어 목마(木馬): 나무로 말의 모양을 깎아 만든 물건.
마구간(馬廐間): 말을 기르는 곳.
출마(出馬): 선거에 입후보함. 어떤 일에 나섬.

◆ '말 마'를 모두 찾아 표 하세요.

馬 男 馬 南 弟 馬

또박또박 따라 쓰기

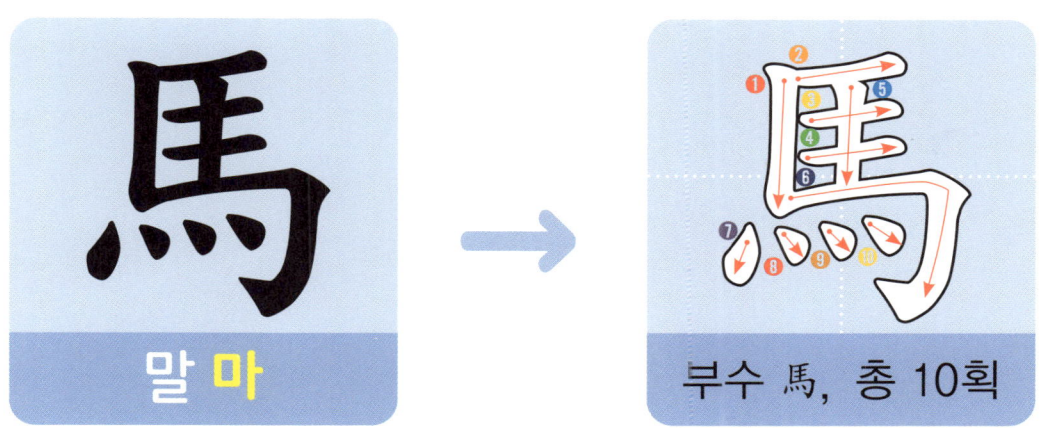

부수 馬, 총 10획

✎ 쓰는 순서에 맞추어 한자를 바르게 쓰고 익혀 보세요.

쓰는 순서 馬 馬 馬 馬 馬 馬 馬 馬 馬 馬

馬 말 마	馬	馬	

실력쑥쑥 연습 문제

[1-2] 그림과 어울리는 문장이 되도록 빈칸에 알맞은 한자를 써 보세요.

1 　木 ☐

회전 木 ☐ (목마)를 타고 빙빙 돕니다.

2 　出 ☐

우리 형은 학생회장 선거에 出 ☐ (출마)하였습니다.

[3-4] 다음 한자의 음으로 알맞은 것을 골라 그 번호를 쓰세요.

3　犬 (　　)　　　　4　馬 (　　)

[5-6] 다음 한자의 총 획수를 쓰세요.

5　馬 (　　)　　　　6　犬 (　　)

재미있는 놀이 한자

◆ 색칠된 동그라미 속 한자와 같은 한자가 들어 있는 동그라미를 모두 찾아 색칠해 보세요.

3일 양 양

오늘 한자

뜻 양 음 양

양을 뜻하고
양이라고 읽어요.

형성 원리 [상형] 양의 머리를 정면에서 바라본 모습을 본뜬 글자로, '양'을 뜻해요. 양은 제사에 쓰이던 상서로운 짐승이었기 때문에 '상서로움'이나 '권력'을 뜻하기도 해요.

일상 속 한자어 산양(山羊) : 솟과의 포유류. 주로 산악 지대에 서식.
백양(白羊) : 털빛이 흰 양.
희생양(犧牲羊) : 희생이 되어 제물로 바쳐지는 양.

✏️ '양 양'을 모두 찾아 ○표 하세요.

手　羊　羊　火　年　羊

또박또박 따라 쓰기

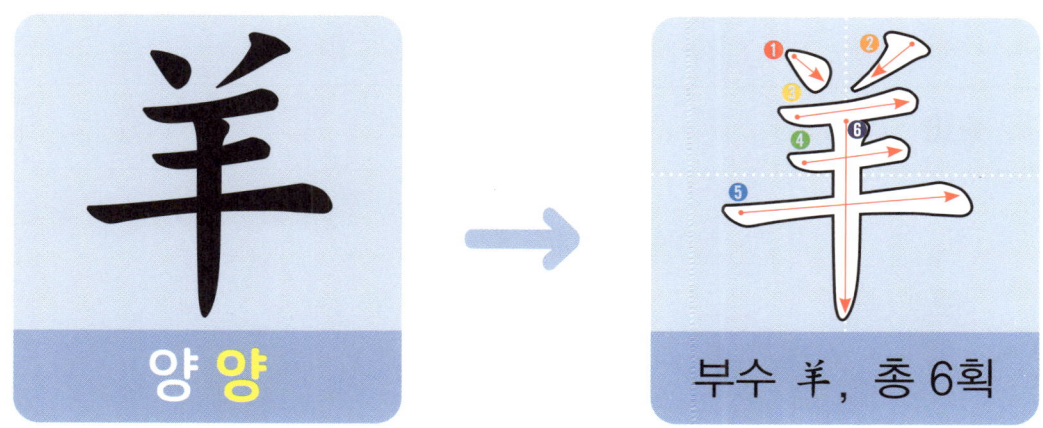

양 양

부수 羊, 총 6획

쓰는 순서에 맞추어 한자를 바르게 쓰고 익혀 보세요.

쓰는 순서 羊 羊 羊 羊 羊 羊

羊			
양 양			

실력쑥쑥 연습 문제

[1-2] 그림에 알맞은 한자를 골라 그 번호를 쓰세요.

> 보기   ① 羊   ② 犬   ③ 馬   ④ 木

1
(   )

2
(   )

[3-4] 다음 문장의 밑줄 친 한자어를 바르게 읽은 것을 골라 그 번호를 쓰세요.

> 보기   ① 백마   ② 출마   ③ 백양   ④ 산양

3 山羊은 주로 암벽으로 이루어진 산에서 서식합니다.   (   )

4 白馬는 바람을 가르며 초원을 달렸습니다.   (   )

[5-6] 다음 한자의 총 획수를 쓰세요.

5 犬 (   )   **6** 羊 (   )

재미있는 놀이 한자

◆ '羊'을 쓰는 순서에 맞추어 알맞은 색을 칠해 보세요.

4일 소 우

오늘 한자

뜻 소 음 우

소를 뜻하고
우라고 읽어요.

형성 원리 [상형] 뿔이 달린 소의 머리 모양을 본뜬 글자로, '소'를 뜻해요.

일상 속 한자어 우유(牛乳): 소의 젖. 백색으로, 살균하여 음료로 마시며 아이스크림, 버터, 치즈 따위의 원료로도 쓴다.
한우(韓牛): 소의 한 품종.
목우(牧牛): 소를 먹여 기름. 또는 먹여 기르는 소.

✏️ '소 우'를 모두 찾아 ◯표 하세요.

牛　年　牛　左　子　牛

또박또박 따라 쓰기

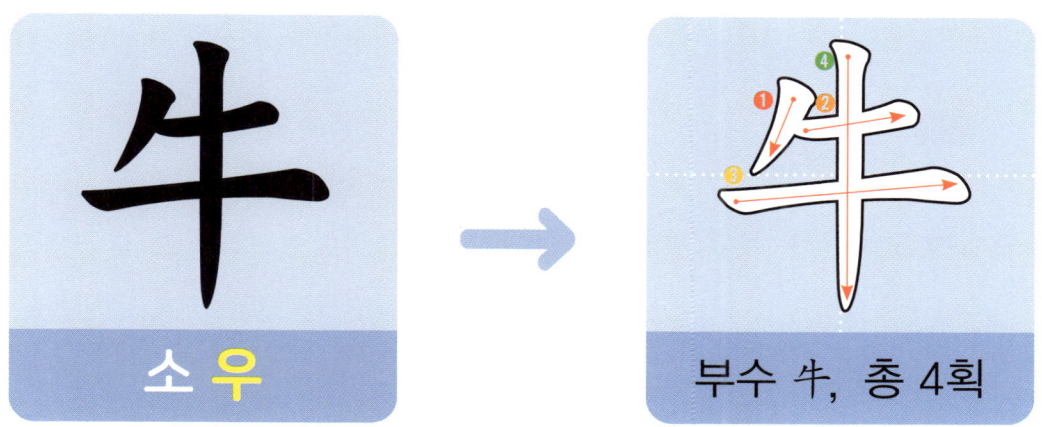

부수 牛, 총 4획

◆ 쓰는 순서에 맞추어 한자를 바르게 쓰고 익혀 보세요.

쓰는 순서 牛 牛 牛 牛

牛 소 우			

실력쑥쑥 연습 문제

[1-2] 다음 문장의 밑줄 친 부분을 뜻하는 한자를 골라 그 번호를 쓰세요.

> 보기   ① 犬   ② 馬   ③ 牛   ④ 羊

1 소에게 먹이로 여물을 주었습니다. (   )

2 옆집 개의 이름은 바둑이입니다. (   )

3 '뿔이 달린 소의 머리 모양'을 본떠 만든 한자를 골라 그 번호를 쓰세요.

> 보기   ① 江   ② 牛   ③ 馬   ④ 下

(   )

4 다음 한자어의 뜻으로 알맞은 것을 골라 그 번호를 쓰세요.   (   )

> 牛馬

① 소와 양   ② 말과 양   ③ 소와 말   ④ 소와 개

재미있는 놀이 한자

✏️ 그림과 어울리는 한자를 찾아 선으로 연결해 보세요.

牛   馬   羊

⭐ 1주차 6급 예상 문제

[문제 1-3] 한자의 뜻과 음으로 바른 것을 고르시오.

> 보기   ① 개 견   ② 말 마   ③ 소 우   ④ 양 양

1 馬 (   )   **2** 犬 (   )   **3** 牛 (   )

4 '양의 머리'를 본떠 만든 한자를 고르시오. (   )

① 手   ② 足   ③ 馬   ④ 羊

[문제 5-6] 물음에 알맞은 답을 고르시오.

> 우리 兄弟는 놀이공원에서 회전木馬를 탔습니다.

5 밑줄 친 '兄弟'를 바르게 읽은 것을 고르시오. (   )

① 부모   ② 아우   ③ 형제   ④ 남매

6 밑줄 친 '木馬'의 뜻으로 바른 것을 고르시오. (   )

① 말이 끄는 수레   ② 말을 타고 하는 경기
③ 나무로 말의 모양을 깎아 만든 물건   ④ 말의 등 위

2주차
동물, 자연

2주차에 배울 한자를 살펴보세요.

- **5일** 魚 물고기 어 ········ 40
- **6일** 川 내 천 ········ 44
- **7일** 天 하늘 천 ········ 48
- **8일** 地 땅 지 ········ 52

⭐ 2주차 6급 예상 문제 ········ 56

오늘 한자

5일
물고기 어

 물고기 어

물고기를 뜻하고
어라고 읽어요.

형성 원리 [상형] 물고기의 모양을 본뜬 글자로, '물고기'를 뜻해요.

일상 속 한자어 치어(稚魚): 알에서 깬 지 얼마 안 되는 어린 물고기.
인어(人魚): 상반신은 사람과 같고 하반신은 물고기와 같다는 상상의 바다 동물.
북어(北魚): 말린 명태.

✏️ '물고기 어'를 모두 찾아 ◯표 하세요.

魚　南　魚　男　馬　魚

또박또박 따라 쓰기

魚 물고기 어

부수 魚, 총 11획

✏️ 쓰는 순서에 맞추어 한자를 바르게 쓰고 익혀 보세요.

쓰는순서 魚 魚 魚 魚 魚 魚 魚 魚 魚 魚 魚

魚 물고기 어	魚	魚	

실력쑥쑥 연습 문제

[1-2] 그림과 어울리는 문장이 되도록 빈칸에 알맞은 한자를 써 보세요.

1 人

내 동생은 人☐ (인어) 공주 동화를 무척 좋아합니다.

2 北

할머니의 보따리에는 北☐ (북어) 세 마리가 들어 있습니다.

[3-4] 다음 한자의 뜻과 음으로 알맞은 것을 골라 그 번호를 쓰세요.

3 魚 (   )   **4** 犬 (   )

[5-6] 다음 한자의 총 획수를 쓰세요.

5 牛 (   )   **6** 魚 (   )

재미있는 놀이 한자

그림과 어울리는 한자를 골라 빈칸에 써 보세요.

보기 牛 馬 羊 魚 犬

오늘 한자

6일 내 천

뜻 내 음 천

시내 또는 강을 뜻하고
천이라고 읽어요.

- **형성 원리** [상형] 양쪽 언덕 사이로 물이 흐르고 있는 모양을 본뜬 글자로, '시내' 또는 '강'을 뜻해요.
- **일상 속 한자어** 산천(山川): 산과 내를 아울러 이르는 말.
  인천(仁川): 우리나라 중서부, 황해에 접하여 있는 광역시.
  청계천(淸溪川): 서울의 종로구와 중구의 경계를 흐르는 하천.

✏️ '내 천'을 모두 찾아 ○표 하세요.

川　母　口　日　川　川

또박또박 따라 쓰기

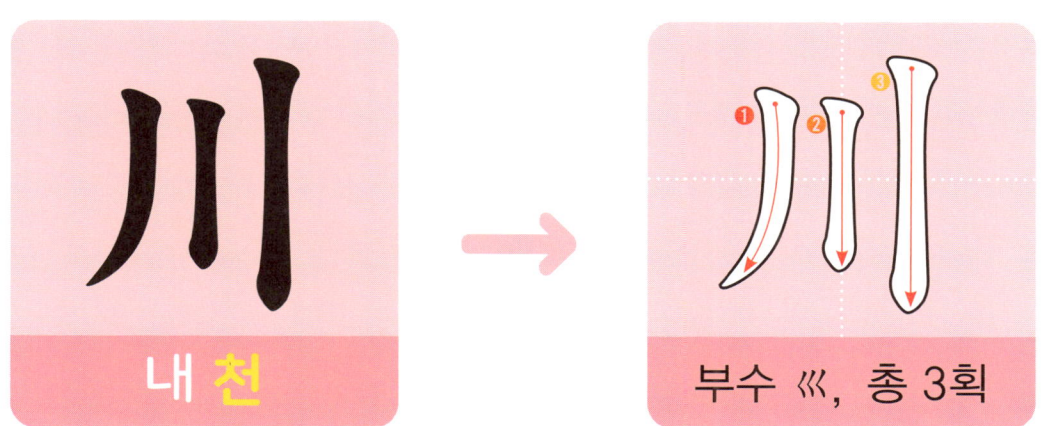

川 내 천

부수 巛, 총 3획

🔸 쓰는 순서에 맞추어 한자를 바르게 쓰고 익혀 보세요.

쓰는 순서 川 川 川

川			
내 천			

실력쑥쑥 연습 문제

1 '양쪽 언덕 사이로 물이 흐르고 있는 모양'을 본떠 만든 한자를 골라 그 번호를 쓰세요.

<보기> ① 手   ② 川   ③ 馬   ④ 羊

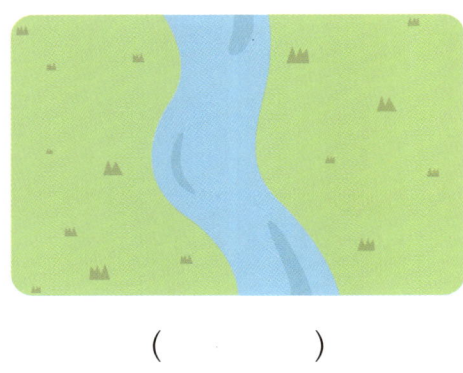

( )

[2-3] 다음 뜻과 음에 알맞은 한자를 골라 그 번호를 쓰세요.

<보기> ① 足   ② 魚   ③ 母   ④ 川

2 내 천 ( )   **3** 물고기 어 ( )

4 다음 한자와 뜻이 비슷한 한자를 골라 그 번호를 쓰세요.   ( )

川

① 土   ② 江   ③ 木   ④ 山

재미있는 놀이 한자

🔸 가려진 곳에 알맞은 부분을 찾아 선으로 연결하여 '川'을 완성하고 뜻과 음을 쓰세요.

뜻 _____   음 _____

7일 하늘 천

오늘 한자

뜻 하늘 음 천

하늘을 뜻하고
천이라고 읽어요.

형성 원리 [회의] 사람이 서 있는 모양을 뜻하는 한자인 大(큰 대)와 그 위로 끝없이 펼쳐져 있는 하늘을 뜻하는 한자인 一(한 일)이 결합한 글자로, '하늘'을 뜻해요.

일상 속 한자어 천하(天下): 하늘 아래 온 세상.
천재(天才): 선천적으로 타고난, 남보다 훨씬 뛰어난 재주. 또는 그런 재능을 가진 사람.

✏️ '하늘 천'을 모두 찾아 ○표 하세요.

天　父　天　大　木　天

또박또박 따라 쓰기

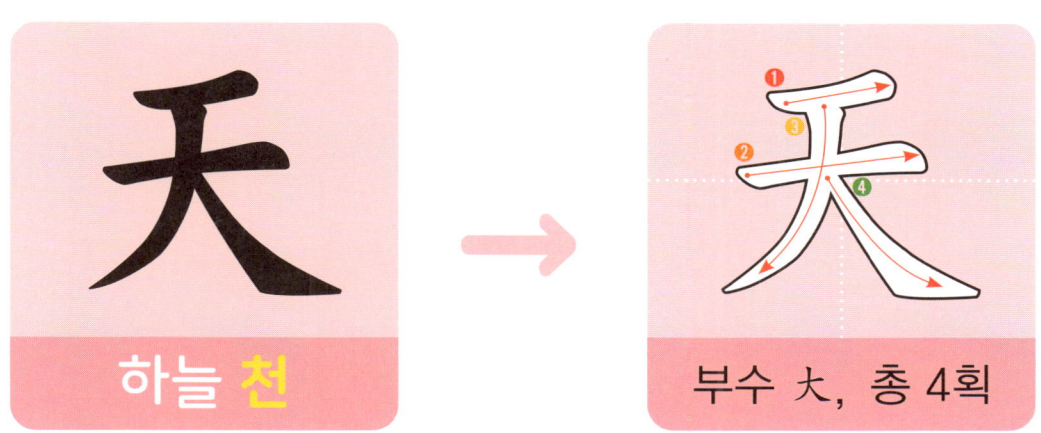

하늘 천

부수 大, 총 4획

◆ 쓰는 순서에 맞추어 한자를 바르게 쓰고 익혀 보세요.

쓰는 순서 天 天 天 天

天 하늘 천			

실력쑥쑥 연습 문제

[1-2] 다음 한자의 뜻과 음으로 알맞은 것을 골라 그 번호를 쓰세요.

> 보기   ① 하늘 천   ② 날 일   ③ 양 양   ④ 아들 자

1 天 (   )   **2** 羊 (   )

[3-4] 다음 한자어를 바르게 읽은 것을 골라 그 번호를 쓰세요.

> 보기   ① 구천   ② 중천   ③ 천하   ④ 산천

3 天下 (   )   **4** 中天 (   )

[5-6] 다음 문장의 밑줄 친 부분을 뜻하는 한자를 써 보세요.

5 비행기가 <u>하늘</u> 높이 날아가고 있습니다.

6 연못 안에는 <u>물고기</u> 몇 마리가 살고 있습니다.

재미있는 놀이 한자

◆ 길을 따라가 두 개의 한자를 연결하여 하나의 한자어를 만들어 보세요.

天 地
: 하늘과 땅을 아울러 이르는 말.

오늘 한자

8일 / 땅 지

뜻 땅 음 지

땅을 뜻하고
지라고 읽어요.

형성 원리 [회의] 흙을 뜻하는 한자인 土(흙 토)와 물을 담는 주전자를 본뜬 한자인 也(어조사 야)가 결합한 글자로, 흙과 물이 있다는 의미에서 '땅'을 뜻해요.

일상 속 한자어 지구(地球): 태양에서 셋째로 가까운 행성. 인류가 사는 천체.
지도(地圖): 지구 표면의 상태를 일정한 비율로 줄여, 이를 약속된 기호로 평면에 나타낸 그림.

✏ '땅 지'를 모두 찾아 ○표 하세요.

土　　火　　十　　地　　土　　地

또박또박 따라 쓰기

地 땅 지

부수 土, 총 6획

✎ 쓰는 순서에 맞추어 한자를 바르게 쓰고 익혀 보세요.

쓰는 순서 地 地 地 地 地 地

地			
땅 지			

실력쑥쑥 연습 문제

1 '天'과 반대되는 뜻의 한자를 써 보세요.

[2-3] 다음 한자어를 바르게 읽은 것을 골라 그 번호를 쓰세요.

> 보기   ① 천하   ② 천지   ③ 지하   ④ 지상

2 天地 (   )

하늘과 땅을 아울러 이르는 말.

3 地下 (   )

땅속이나 땅속을 파고 만든 구조물의 공간.

[4-5] 다음 한자의 총 획수를 쓰세요.

4 土 (   )   **5** 地 (   )

재미있는 놀이 한자

✏️ 그림과 어울리는 한자어가 되도록 알맞은 한자를 골라 빈칸에 써 보세요.

보기   土   上   水   山

토지: 경지나 주거지 따위의 사람의 생활과 활동에 이용하는 땅.

산지: 산이 많은 곳. 또는 산으로 된 땅.

지상: 땅의 위.

지하수: 비나 눈 따위가 스며들어 생긴 것으로, 땅속의 토사, 암석 따위의 빈틈을 채우고 있는 물.

족집게 예상 문제

⭐ 2주차 6급 예상 문제

[문제 1-2] 뜻과 음에 알맞은 한자를 고르시오.

> 보기   ① 天   ② 魚   ③ 地   ④ 川

1 땅 지 (   )   **2** 물고기 어 (   )

3 밑줄 친 부분을 뜻하는 한자가 잘못 쓰인 것을 고르시오. (   )

① 물고기가 그물에 걸렸습니다: 魚   ② 달님반은 모두 아홉 명입니다: 九
③ 높고 푸른 가을 하늘: 川   ④ 독도는 우리나라 땅입니다: 地

[문제 4-5] 물음에 알맞은 답을 고르시오.

> 하늘이 높고 산천이 푸른 여름날 여행을 떠났습니다.

4 밑줄 친 '하늘'을 뜻하는 한자를 바르게 쓴 것을 고르시오. (   )

① 地   ② 川   ③ 江   ④ 天

5 밑줄 친 '산천'을 한자로 바르게 쓴 것을 고르시오. (   )

① 下山   ② 山川   ③ 江山   ④ 九天

3주차
자연, 차례

3주차에 배울 한자를 살펴보세요.

- **9일** 林 수풀 림 ········· 58
- **10일** 玉 구슬 옥 ········· 62
- **11일** 石 돌 석 ········· 66
- **12일** 先 먼저 선 ········· 70

⭐ 3주차 6급 예상 문제 ········· 74

9일 수풀 림

오늘 한자

 수풀 림

수풀을 뜻하고
림(임)이라고 읽어요.

형성 원리 [회의] 나무를 뜻하는 한자인 木(나무 목)을 겹친 글자로, 나무가 많다는 의미에서 '수풀'을 뜻해요.

일상 속 한자어 산림(山林): 산과 숲, 또는 산에 있는 숲.
밀림(密林): 큰 나무들이 빽빽하게 들어선 깊은 숲.
농림(農林): 농업과 임업을 아울러 이르는 말.

✏️ '수풀 림'을 모두 찾아 ○표 하세요.

木　六　林　林　水　小

또박또박 따라 쓰기

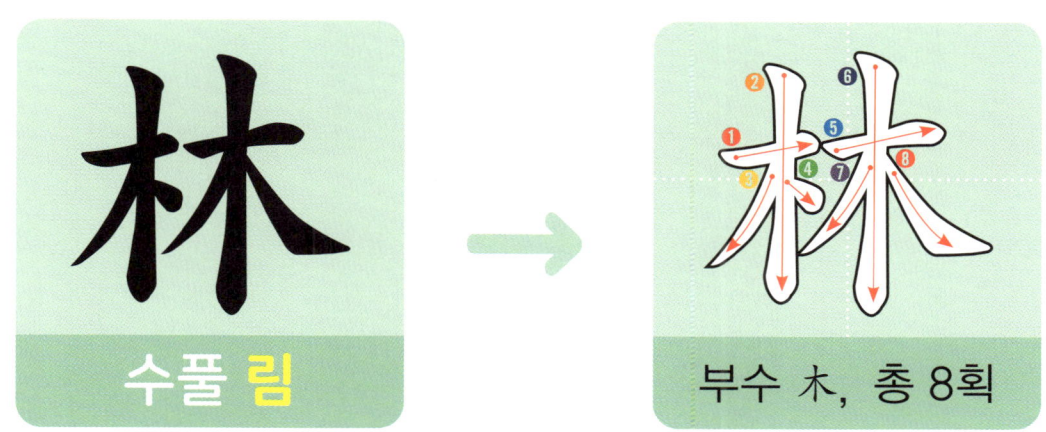

부수 木, 총 8획

◆ 쓰는 순서에 맞추어 한자를 바르게 쓰고 익혀 보세요.

쓰는 순서 林 林 林 林 林 林 林 林

林
수풀 림

실력쑥쑥 연습 문제

1 다음 한자와 뜻이 비슷한 한자를 골라 그 번호를 쓰세요.   (   )

> 林

① 大   ② 川   ③ 木   ④ 天

[2-3] 다음 한자어의 뜻으로 알맞은 것을 골라 그 번호를 쓰세요.

2 林地 (   )

① 나무가 많이 자라고 있는 땅   ② 작은 숲
③ 푸른 숲   ④ 숲의 북쪽

3 林木 (   )

① 숲의 나무   ② 큰 나무
③ 산속에 있는 절   ④ 산과 숲

[4-5] 다음 한자의 총 획수를 쓰세요.

4 林 (   )   **5** 犬 (   )

재미있는 놀이 한자

✏️ 색칠된 동그라미 속 한자와 같은 한자가 들어 있는 동그라미를 모두 찾아 색칠해 보세요.

3주차_자연, 차례

10일 구슬 옥

오늘 한자

뜻 구슬   음 옥

구슬을 뜻하고
옥이라고 읽어요.

형성 원리 [상형] 여러 개의 구슬을 끈으로 꿴 모양을 본뜬 글자로, '구슬'을 뜻해요.

일상 속 한자어
백옥(白玉): 빛깔이 하얀 옥.
옥수(玉水): 맑은 샘물. 매우 귀중한 물.
섬섬옥수(纖纖玉手): 가냘프고 고운 여자의 손을 이르는 말.

✏️ '구슬 옥'을 모두 찾아 ○표 하세요.

玉   江   玉   左   土   玉

또박또박 따라 쓰기

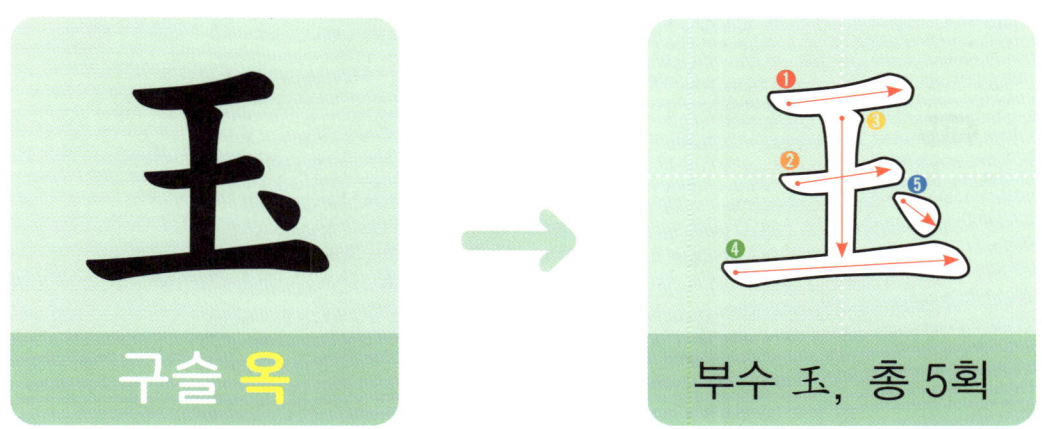

구슬 옥

부수 玉, 총 5획

🖊 쓰는 순서에 맞추어 한자를 바르게 쓰고 익혀 보세요.

쓰는 순서 玉 玉 玉 玉 玉

玉			
구슬 옥			

실력쑥쑥 연습 문제

1 '여러 개의 구슬을 끈으로 꿴 모양'을 본떠 만든 한자를 골라 그 번호를 쓰세요.

> 보기   ① 玉   ② 羊   ③ 天   ④ 五

(   )

[2-3] 다음 문장의 밑줄 친 한자어를 바르게 읽은 것을 골라 그 번호를 쓰세요.

> 보기   ① 지상   ② 옥수   ③ 백옥   ④ 청옥

2 이모의 피부가 마치 **白玉** 같았습니다. (   )

3 깊은 산속 바위틈에는 **玉水**가 흘러내리고 있었습니다. (   )

4 밑줄 친 두 부분을 공통으로 뜻하는 한자를 골라 그 번호를 쓰세요. (   )

- 구슬을 한 알 두 알 꿰어 목걸이를 만듭니다.
- 옥으로 만든 공예품이 전시되어 있습니다.

① 五   ② 玉   ③ 門   ④ 左

재미있는 놀이 한자

✏️ 왼쪽 한자와 어울리는 그림을 찾아 선으로 연결해 보세요.

 ·

 ·

 ·

 ·

·

·

·

·

오늘 한자

11일 돌 석

뜻 돌 음 석

돌을 뜻하고
석이라고 읽어요.

형성 원리 [상형] 언덕 아래 뒹굴고 있는 돌의 모양을 본뜬 글자로, '돌'을 뜻해요.

일상 속 한자어
옥석(玉石): 옥이 들어 있는 돌.
보석(寶石): 아주 단단하고 빛깔과 광택이 아름다우며 희귀한 광물.
일석이조(一石二鳥): 돌 한 개를 던져 새 두 마리를 잡는다는 뜻으로, 동시에 두 가지 이득을 봄을 이르는 말.

✏️ '돌 석'을 모두 찾아 ○표 하세요.

九　石　右　石　西　左

또박또박 따라 쓰기

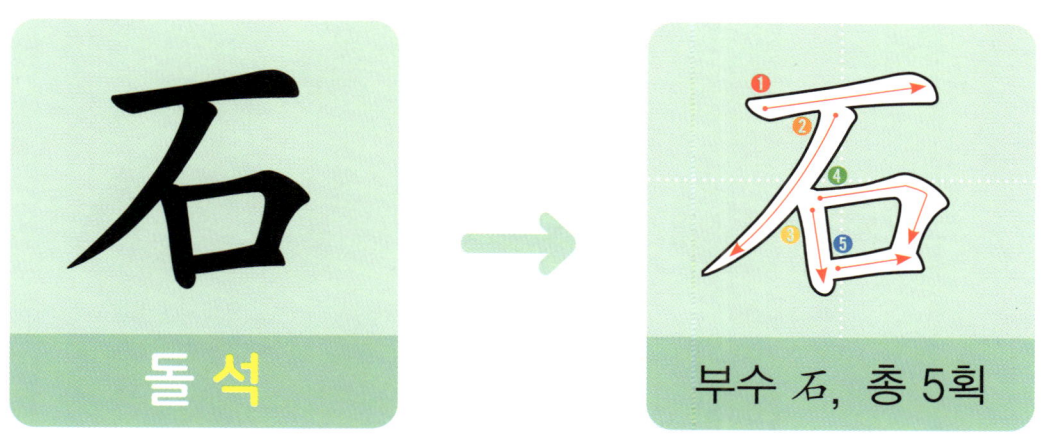

돌 석

부수 石, 총 5획

쓰는 순서에 맞추어 한자를 바르게 쓰고 익혀 보세요.

쓰는 순서 石 石 石 石 石

石	石	石	
돌 석			

실력쑥쑥 연습 문제

1 '玉'과 반대되는 뜻의 한자를 써 보세요.

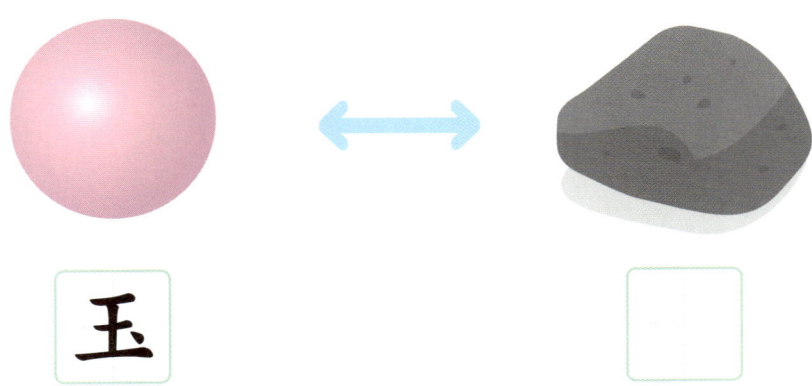

[2-3] 다음 뜻과 음에 알맞은 한자를 골라 그 번호를 쓰세요.

> 보기　① 石　② 入　③ 右　④ 林

2 돌 석 (　　　)　　　**3** 수풀 림 (　　　)

[4-5] 다음 문장의 밑줄 친 부분을 한자로 바르게 쓴 것을 골라 그 번호를 쓰세요.

> 보기　① 南門　② 水石　③ 玉石　④ 石門

4 이 석문을 열고 들어가면 딴 세상이 있을 것 같았습니다. (　　　)

5 옥석으로 만든 의자에는 정교한 무늬가 새겨져 있었습니다. (　　　)

재미있는 놀이 한자

◆ 왼쪽 한자와 어울리는 그림을 골라 O표 하세요.

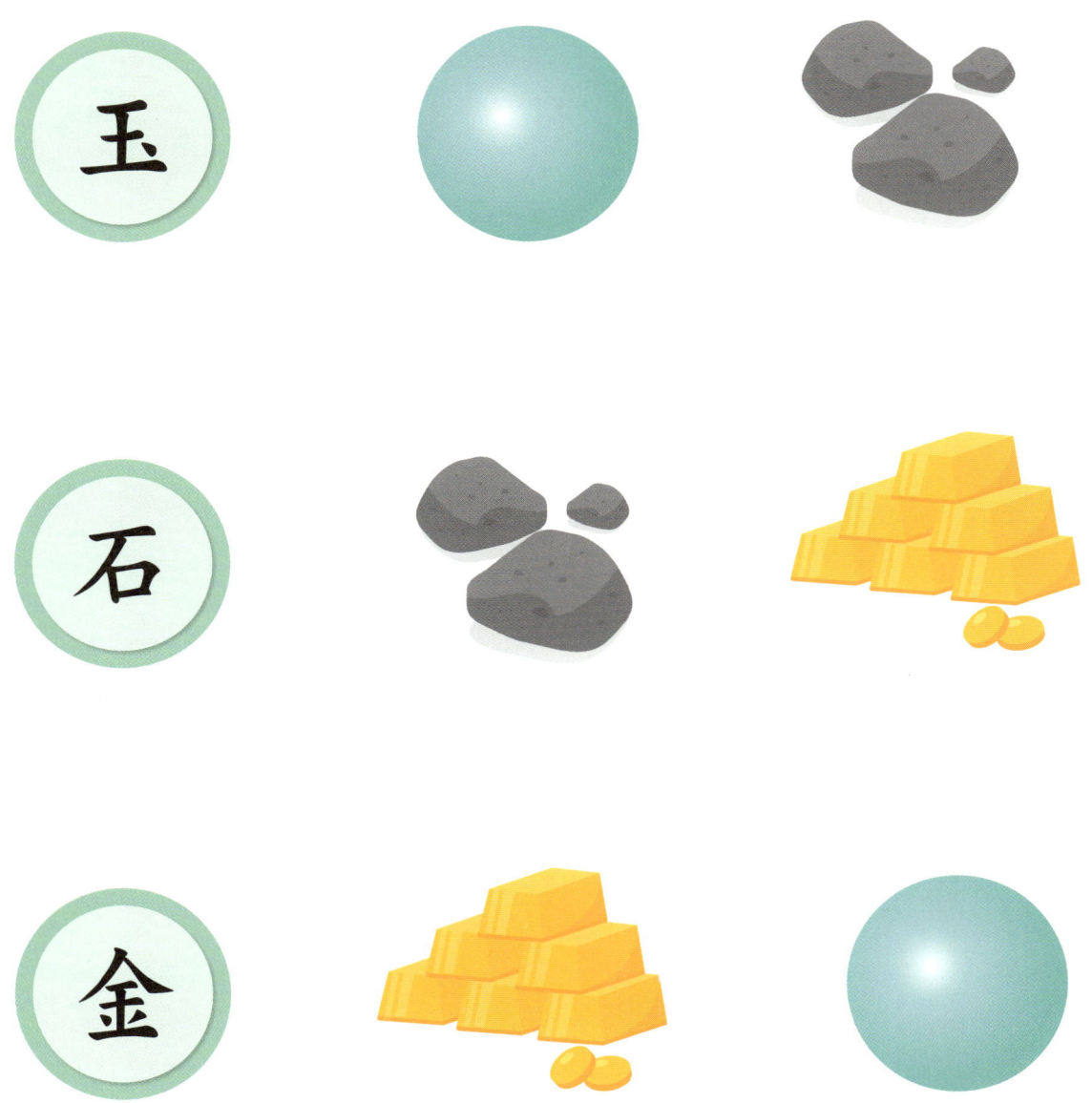

12일 먼저 선

오늘 한자

뜻 먼저 음 선

먼저를 뜻하고
선이라고 읽어요.

형성 원리 [회의] 가다를 뜻하는 한자인 之(갈 지)와 사람의 다리 모양을 본뜬 부수인 儿(어진사람인발)이 결합한 글자로, '먼저' 또는 '나아가다'를 뜻해요.

일상 속 한자어 선산(先山): 조상의 무덤, 또는 조상의 무덤이 있는 산.
선금(先金): 무엇을 사거나 세낼 때에 먼저 치르는 돈.
선생(先生): 학생을 가르치는 사람.

✏️ '먼저 선'을 모두 찾아 ◯표 하세요.

先　年　手　兄　金　先

또박또박 따라 쓰기

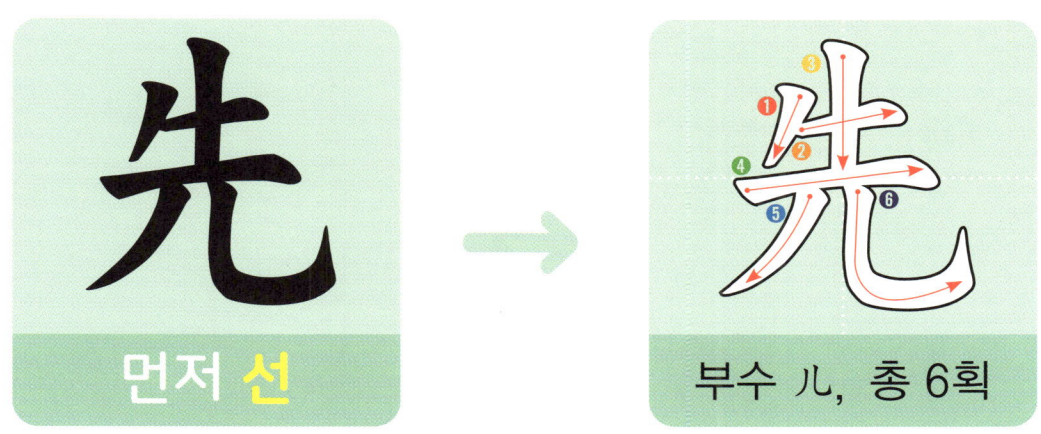

먼저 선

부수 儿, 총 6획

✏️ 쓰는 순서에 맞추어 한자를 바르게 쓰고 익혀 보세요.

쓰는 순서 先 先 先 先 先 先

先	先	先	
먼저 선			

실력쑥쑥 연습 문제

[1-2] 다음 한자의 뜻과 음으로 알맞은 것을 골라 그 번호를 쓰세요.

> 보기   ① 수풀 림   ② 나무 목   ③ 손 수   ④ 먼저 선

1 先 (   )   **2** 林 (   )

[3-4] 다음 문장의 밑줄 친 한자어를 바르게 읽은 것을 골라 그 번호를 쓰세요.

> 보기   ① 선금   ② 선생   ③ 선산   ④ 선수

3 이번 추석에는 <u>先山</u>에 벌초를 하러 다녀왔습니다. (   )

4 <u>先金</u>을 받고 공사를 시작하였습니다. (   )

[5-6] 다음 한자어를 한자로 바르게 쓴 것을 골라 그 번호를 쓰세요.

5 **선수**: 남이 하기 전에 앞질러 하는 행동 (   )

① 先金   ② 先手   ③ 先山   ④ 先天

6 **선천**: 태어나면서부터 몸에 지니고 있는 것 (   )

① 山川   ② 先人   ③ 先天   ④ 先手

재미있는 놀이 한자

◆ 가려진 곳에 알맞은 부분을 찾아 선으로 연결하여 '先'을 완성하고 뜻과 음을 쓰세요.

뜻 _____ 음 _____

⭐ 3주차 6급 예상 문제

1 '언덕 아래에 뒹굴고 있는 돌의 모양'을 나타낸 한자를 고르시오. (   )

① 左　　② 右
③ 口　　④ 石

2 밑줄 친 부분을 뜻하는 한자가 잘못 쓰인 것을 고르시오. (   )

① <u>구슬</u> 따먹기를 하고 놀았습니다: 玉
② 아이가 <u>돌</u>에 걸려 넘어졌습니다: 石
③ 크고 작은 <u>나무</u>들이 숲을 이루고 있습니다: 木
④ 상대편에서 <u>먼저</u> 한 골을 먹었습니다: 先

3 밑줄 친 부분을 한자로 바르게 쓴 것을 고르시오. (   )

이 지역은 울창한 <u>산림</u>을 자랑하는 지역입니다.

① 山林　　② 山川　　③ 大地　　④ 江山

4 한자의 총획이 바르지 않은 것을 고르시오. (   )

① 魚: 총 11획　② 石: 총 5획　③ 先: 총 7획　④ 玉: 총 5획

4주차
수, 이름

4주차에 배울 한자를 살펴보세요.

- **13일** 百   일백 백 ········· 76
- **14일** 千   일천 천 ········· 80
- **15일** 姓   성씨 성 ········· 84
- **16일** 名   이름 명 ········· 88

⭐ 4주차 6급 예상 문제 ········· 92

13일 일백 백

오늘 한자

뜻 일백 음 백

백을 뜻하고
백이라고 읽어요.

형성 원리 [형성] 소리를 나타내는 한자인 白(흰 백)과 하나를 뜻하는 한자인 一(한 일)이 결합한 글자로, '백' 또는 '일백'을 뜻해요.

일상 속 한자어 백화점(百貨店): 여러 가지 상품을 부문별로 나누어 진열·판매하는 대규모의 현대식 종합 소매점.
백분율(百分率): 전체 수량을 100으로 하여 그것에 대해 가지는 비율.

✏️ '일백 백'을 모두 찾아 〇표 하세요.

百   日   百   百   白   日

또박또박 따라 쓰기

일백 백

부수 白, 총 6획

쓰는 순서에 맞추어 한자를 바르게 쓰고 익혀 보세요.

쓰는 순서 百 百 百 百 百 百

百	百	百	
일백 백			

실력쑥쑥 연습 문제

[1-2] 그림과 어울리는 문장이 되도록 빈칸에 알맞은 한자를 써 보세요.

1

아이가 태어난 지 ☐ 日 (백일)이 되었습니다.

2

이 사탕은 하나에 五 ☐ (오백) 원입니다.

[3-4] 밑줄 친 부분을 뜻하는 한자를 골라 그 번호를 쓰세요.

| 보기 | ① 百 | ② 日 | ③ 目 | ④ 白 |

3 빨간색에 <u>흰색</u>을 섞으면 분홍색을 만들 수 있습니다. (   )

4 잠이 오지 않으면 일부터 <u>백</u>까지 세어 보세요. (   )

[5-6] 다음 한자의 총 획수를 쓰세요.

5 五 (   )　　　　**6** 百 (   )

재미있는 놀이 한자

아래의 단어를 읽고 보기를 참고하여 알맞은 한자어에 색칠해 보세요.

보기
百 日 山 林 天 地
玉 石 人 魚 木 馬

犬	百	先	天	魚	木
天	人	魚	石	羊	馬
百	姓	馬	百	日	玉
先	天	地	川	先	人
山	羊	石	山	木	川
林	馬	石	百	玉	石

백일   산림   천지   옥석   인어   목마

14일 일천 천

오늘 한자

뜻 일천 음 천

천을 뜻하고
천이라고 읽어요.

형성 원리 [형성·지사] 사람을 뜻하는 한자인 人(사람 인)과 一(한 일)이 결합한 글자로, 과거에 사람을 셀 때 천 단위마다 人에 가로 획을 긋던 것이 굳어져 '천'을 뜻해요.

일상 속 한자어 천금(千金): 많은 돈이나 비싼 값을 비유적으로 이르는 말.
천차만별(千差萬別): 여러 가지 사물이 모두 차이가 있고 구별이 있음.

✏️ '일천 천'을 모두 찾아 O표 하세요.

牛　牛　千　千　手　千

또박또박 따라 쓰기

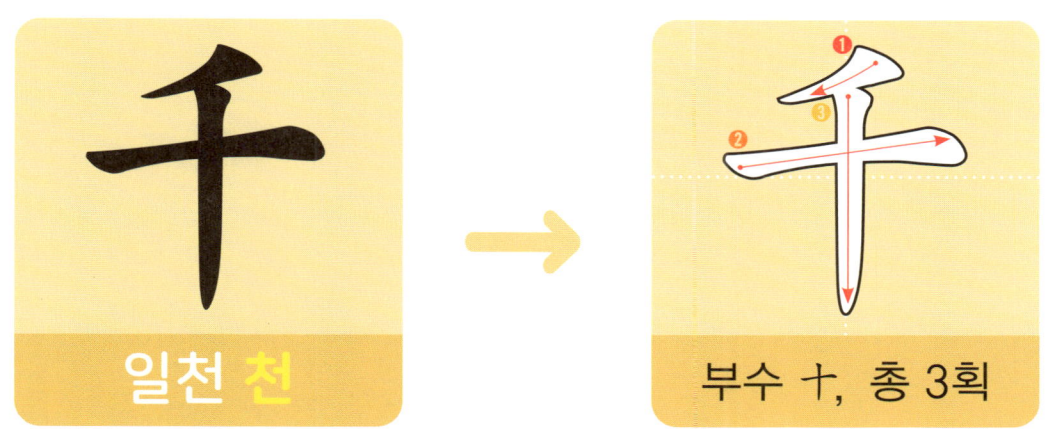

쓰는 순서에 맞추어 한자를 바르게 쓰고 익혀 보세요.

쓰는 순서 千 千 千

千			
일천 **천**			

실력쑥쑥 연습 문제

1 다음 중 가장 큰 수를 골라 그 번호를 쓰세요. (　　　)

　① 五　　　② 千　　　③ 百　　　④ 十

2 다음 한자어의 뜻으로 알맞은 것을 골라 그 번호를 쓰세요. (　　　)

千金

　① 돈을 넣어줌　　　② 돈을 내어 줌
　③ 무엇을 살 때 먼저 치르는 돈　　　④ 많은 돈이나 비싼 값을 비유적으로 이르는 말

[3-4] 다음 한자의 뜻과 음으로 알맞은 것을 골라 그 번호를 쓰세요.

| 보기 | ① 일천 천　② 열 십　③ 일백 백　④ 흰 백 |

3 百 (　　　)　　　**4** 千 (　　　)

5 다음 문장의 밑줄 친 부분을 한자로 바르게 쓴 것을 골라 그 번호를 쓰세요. (　　　)

고목나무 한 그루가 <u>천년</u>의 세월을 지키고 있습니다.

　① 百年　　　② 五年　　　③ 千年　　　④ 十年

재미있는 놀이 한자

과일과 채소의 가격표를 보고 그림에 알맞은 한자를 골라 빈칸에 써 보세요.

보기 四 二 五 九 百 千

| 바나나 1송이 | 브로콜리 1송이 | 당근 1개 |
| 4,000원 | 2,500원 | 900원 |

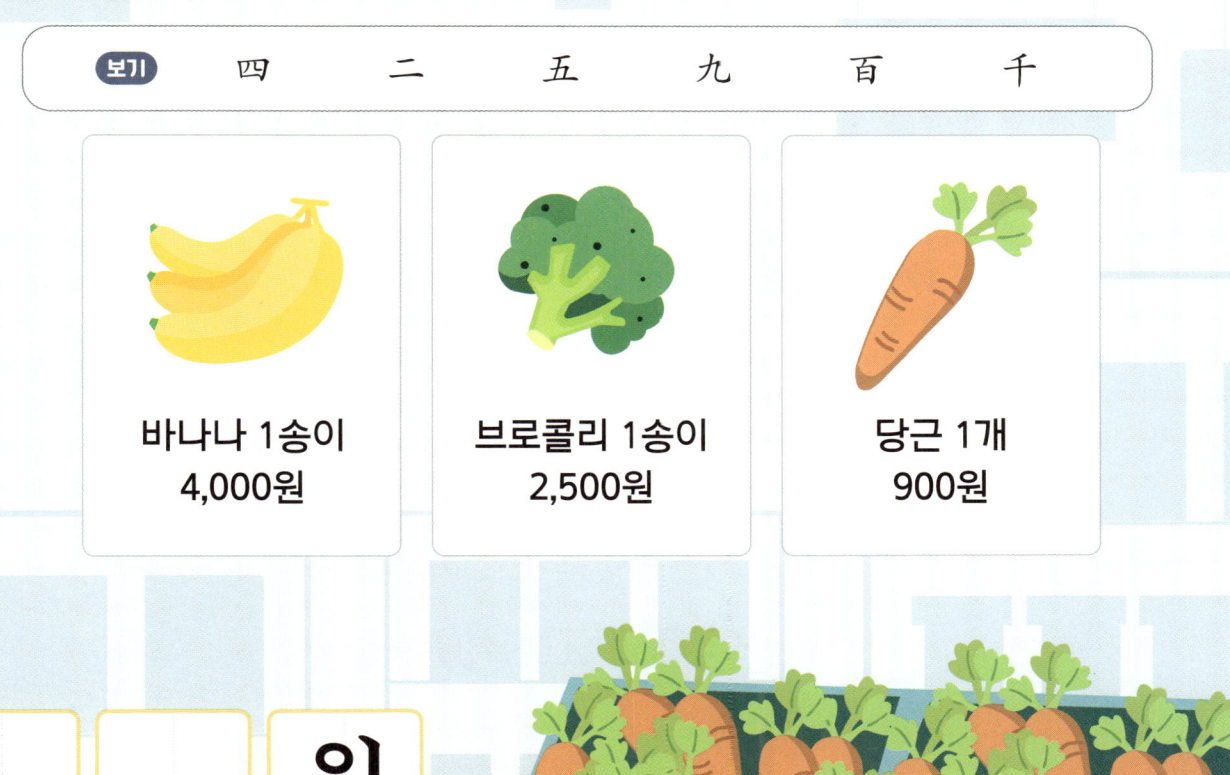

15일 성씨 성

오늘 한자

 성씨  성

성씨를 뜻하고
성이라고 읽어요.

형성 원리 [형성·회의] 여자를 뜻하는 한자인 女(여자 녀)와 태어나다를 뜻하는 한자인 生(날 생)이 결합한 글자예요. 아이가 여자로부터 태어났으며, 과거에는 여자의 성을 받았기 때문에 '성씨'나 '성'을 뜻해요.

일상 속 한자어
성명(姓名): 성과 이름을 아울러 이르는 말.
성함(姓銜): 성명의 높임말.
백성(百姓): 나라의 근본을 이루는 일반 국민을 예스럽게 이르는 말.

✏️ '성씨 성'을 모두 찾아 ◯표 하세요.

姓　　左　　姓　　女　　入　　姓

또박또박 따라 쓰기

부수 女, 총 8획

성씨 성

✏️ 쓰는 순서에 맞추어 한자를 바르게 쓰고 익혀 보세요.

쓰는 순서 姓 姓 姓 姓 姓 姓 姓 姓

姓 성씨 성	姓	姓	

실력쑥쑥 연습 문제

[1-2] 그림과 어울리는 문장이 되도록 빈칸에 알맞은 한자를 써 보세요.

1

본인의 연락처와 ☐ 名 (성명)을 적어 주세요.

2

百 ☐ (백성)은 나라의 근본입니다.

3 다음 문장의 밑줄 친 한자의 뜻과 음으로 알맞은 것을 골라 그 번호를 쓰세요. (   )

姓은 김가요, 이름은 민지입니다.

① 여자 녀   ② 성씨 성   ③ 구슬 옥   ④ 일천 천

[4-5] 다음 한자의 총 획수를 쓰세요.

4 姓 (   )   **5** 先 (   )

재미있는 놀이 한자

◆ '姓'이 들어 있는 동그라미를 모두 찾아 색칠해 보세요.

年	百	姓	石	姓
千	姓	年	百	千
石	石	姓	先	姓
姓	玉	千	年	百
玉	姓	先	姓	千
先	千	百	姓	姓

16일 이름 명

오늘 한자

 이름 명

이름을 뜻하고
명이라고 읽어요.

형성 원리 [회의] 저녁을 뜻하는 한자인 夕(저녁 석)과 소리를 낸다는 뜻을 가진 한자인 口(입 구)가 결합한 글자로, 어두운 저녁에는 이름을 불러서 식별해야 했기 때문에 '이름'을 뜻해요.

일상 속 한자어
유명(有名): 이름이 널리 알려져 있음.
명절(名節): 해마다 일정하게 지키어 즐기거나 기념하는 때.
별명(別名): 사람의 특징을 바탕으로 남들이 지어 부르는 이름.

✏️ '이름 명'을 모두 찾아 ◯표 하세요.

母　足　名　目　名　名

또박또박 따라 쓰기

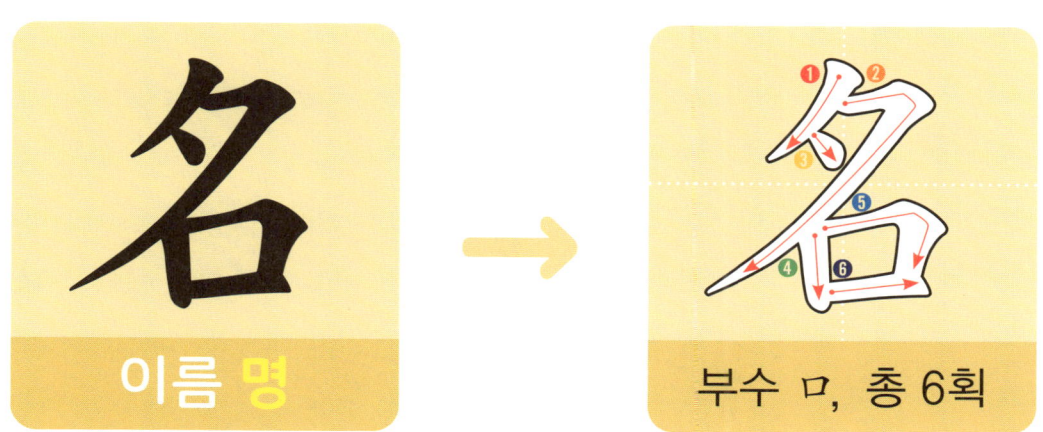

이름 명

부수 口, 총 6획

쓰는 순서에 맞추어 한자를 바르게 쓰고 익혀 보세요.

쓰는 순서 名 名 名 名 名 名

名
이름 명

실력쑥쑥 연습 문제

[1-2] 다음 한자의 뜻과 음으로 알맞은 것을 골라 그 번호를 쓰세요.

> 보기   ① 이름 명   ② 흰 백   ③ 돌 석   ④ 성씨 성

1 名 (   )   **2** 姓 (   )

[3-4] 다음 문장을 읽고 물음에 알맞은 답을 골라 그 번호를 쓰세요.

> 평화를 유지한다는 <u>名目</u>으로 <u>백성</u>을 투입했습니다.

3 위의 밑줄 친 '名目'의 뜻으로 바른 것은 무엇일까요?   (   )

① 구실이나 이유
② 더러워진 이름이나 명예
③ 공을 세워 이름을 널리 드러냄
④ 세상에 훌륭하다고 인정되는 이름이나 자랑

4 위의 밑줄 친 '백성'을 한자로 바르게 쓴 것은 무엇일까요? (   )

① 百姓   ② 地名   ③ 名山   ④ 名馬

5 다음 한자어의 뜻으로 알맞은 것을 골라 그 번호를 쓰세요.   (   )

> 名山大川

① 금강산도 식후경
② 이름난 산과 큰 내
③ 이름과 실상이 꼭 맞음
④ 이름만 그럴듯하고 실속이 없음

재미있는 놀이 한자

◆ 그림과 어울리는 한자어가 되도록 알맞은 한자를 골라 빈칸에 써 보세요.

보기   馬   姓   手   地

지명: 마을이나 지방, 산천, 지역 따위의 이름.

성명: 성과 이름을 아울러 이르는 말.

명수: 기능이나 기술 따위에서 소질과 솜씨가 뛰어난 사람.

명마: 매우 우수한 말.

족집게 예상 문제

⭐ 4주차 6급 예상 문제

[문제 1-2] 뜻과 음에 알맞은 한자를 고르시오.

> 보기   ① 百   ② 姓   ③ 名   ④ 千

1 일천 천 (   )   **2** 일백 백 (   )

3 다음 한자어의 뜻으로 알맞은 것을 고르시오. (   )

> 百姓

① 새하얀 성질   ② 나라의 근본을 이루는 일반 국민
③ 나라를 다스리는 통치자   ④ 여러 가지 성질

4 밑줄 친 부분을 한자로 바르게 쓴 것을 고르시오. (   )

> 편지봉투에 <u>성명</u>을 적었습니다.

① 名馬   ② 姓名   ③ 名犬   ④ 名目

5 한자의 총획이 바르지 <u>않은</u> 것을 고르시오. (   )
① 千: 총 3획   ② 百: 총 5획   ③ 姓: 총 8획   ④ 名: 총 6획

5주차

신체

5주차에 배울 한자를 살펴보세요.

- **17일** 己 몸 기 ········· 94
- **18일** 耳 귀 이 ········· 98
- **19일** 心 마음 심 ······· 102
- **20일** 生 날 생 ········· 106
- ⭐ 5주차 6급 예상 문제 ······· 110

17일 몸 기

오늘 한자

뜻 몸 음 기

몸을 뜻하고
기라고 읽어요.

형성 원리 [상형] 구불거리는 긴 끈의 모양 또는 사람이 몸을 구부린 모습을 본뜬 글자로, '몸'이나 '자기'를 뜻해요.

일상 속 한자어 이기심(利己心): 자기 자신의 이익만을 꾀하는 마음.
자기소개(自己紹介): 처음 만난 사람에게 자기의 이름, 경력, 직업 따위를 말하여 알림.

✏️ '몸 기'를 모두 찾아 ○표 하세요.

門　己　白　九　己　己

또박또박 따라 쓰기

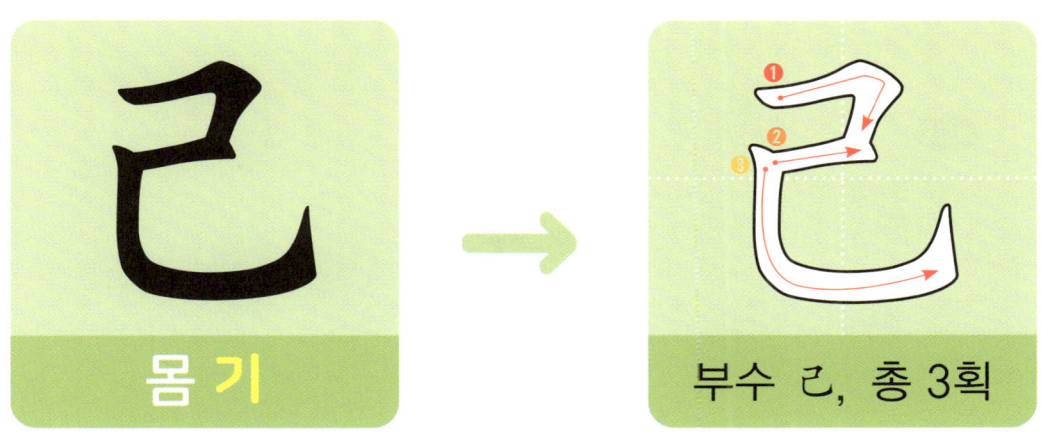

몸 기

부수 己, 총 3획

쓰는 순서에 맞추어 한자를 바르게 쓰고 익혀 보세요.

쓰는 순서 己 己 己

己			
몸 기			

실력쑥쑥 연습 문제

[1-2] 다음 한자의 뜻과 음으로 알맞은 것을 골라 그 번호를 쓰세요.

> 보기   ① 돌 석   ② 몸 기   ③ 개 견   ④ 일천 천

1 己 (   )   **2** 石 (   )

3 '구불거리는 긴 끈의 모양'을 본떠 만든 한자를 골라 그 번호를 쓰세요.

> 보기   ① 山   ② 己   ③ 耳   ④ 口

(   )

4 밑줄 친 두 부분을 공통으로 뜻하는 한자를 골라 그 번호를 쓰세요.   (   )

- 나는 <u>몸</u>이 건강합니다.
- 누나는 <u>자기</u> 일에 항상 최선을 다합니다.

① 己   ② 月   ③ 母   ④ 先

[5-6] 다음 한자의 총 획수를 쓰세요.

5 羊 (   )   **6** 己 (   )

재미있는 놀이 한자

◆ 같은 숫자끼리 같은 색으로 색칠한 다음, 어떤 한자가 숨어 있는지 찾아보세요.
찾은 한자와 그 한자의 뜻과 음을 아래 빈칸에 써 보세요.

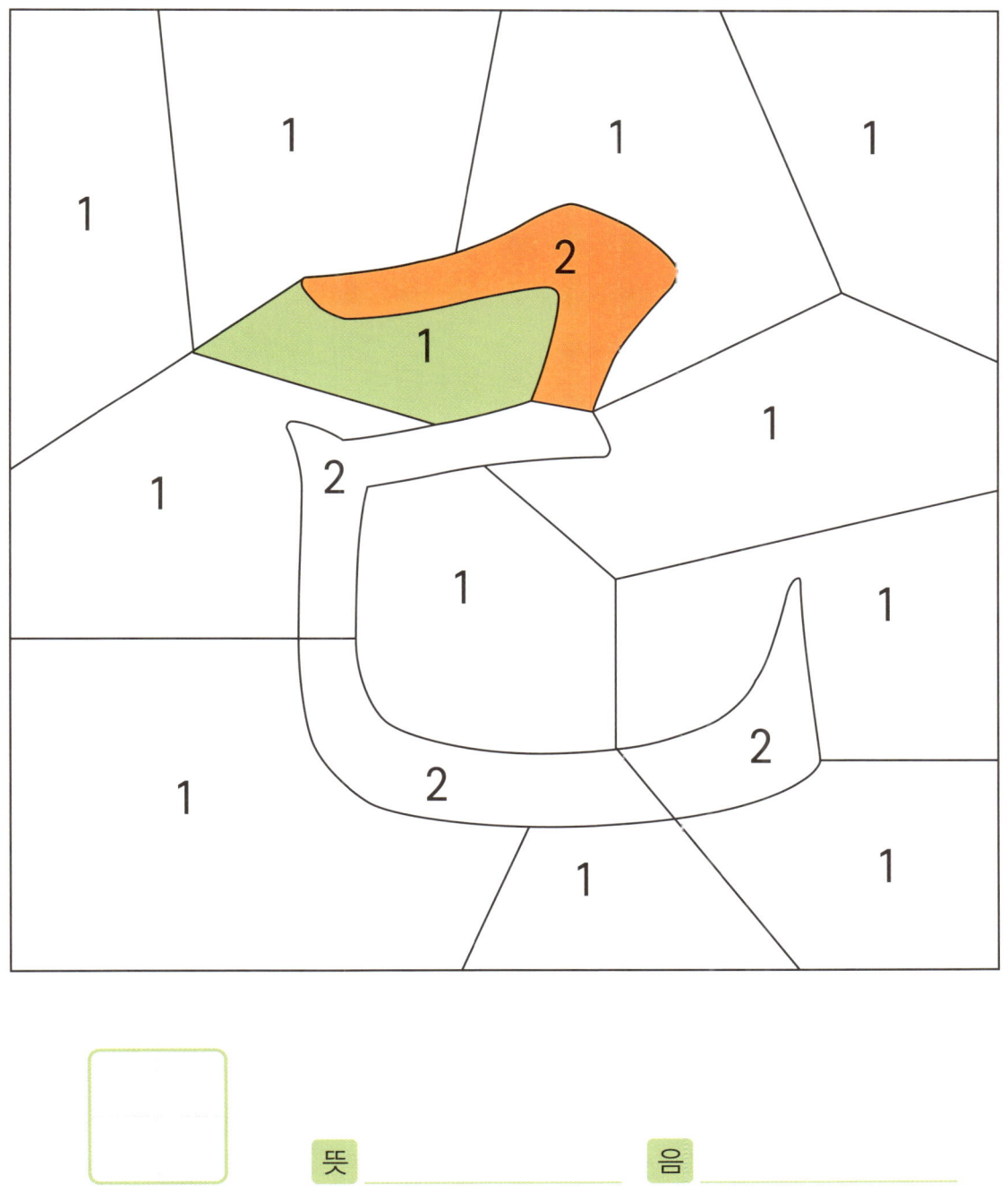

뜻 _____   음 _____

18일 귀 이

오늘 한자

뜻 귀 음 이

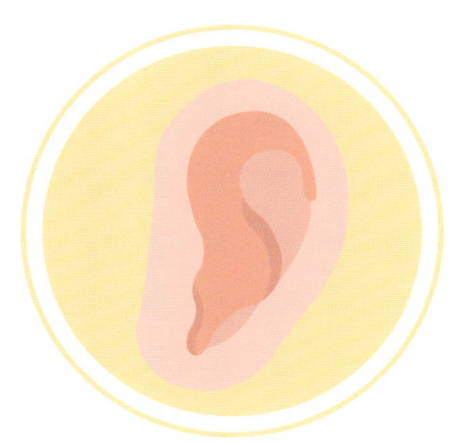

귀를 뜻하고
이라고 읽어요.

형성 원리 [상형] 사람의 오른쪽 귀의 귓바퀴와 귓불 모양을 본뜬 글자로, '귀'를 뜻해요.

일상 속 한자어 이목구비(耳目口鼻): 귀·눈·입·코를 아울러 이르는 말.
이비인후과(耳鼻咽喉科): 귀, 코, 목구멍, 기관, 식도의 병을 전문적으로 치료하는 의학 분야.

✏️ '귀 이'를 모두 찾아 O표 하세요.

耳　目　月　日　耳　母

또박또박 따라 쓰기

부수 耳, 총 6획

🖊 쓰는 순서에 맞추어 한자를 바르게 쓰고 익혀 보세요.

쓰는 순서 耳 耳 耳 耳 耳 耳

耳	耳	耳	
귀 이			

실력쑥쑥 연습 문제

1 '사람의 귀 모양'을 본떠 만든 한자를 골라 그 번호를 쓰세요.

> 보기   ① 石   ② 目   ③ 耳   ④ 內

( )

2 '左耳'와 반대되는 뜻의 한자어를 써 보세요.

左 耳 ↔ ☐ ☐

[3-4] 다음 문장의 밑줄 친 한자어를 바르게 읽은 것을 골라 그 번호를 쓰세요.

> 보기   ① 일기   ② 이목   ③ 일명   ④ 지상

3 사람들의 耳目을 집중시켰습니다. ( )

4 불국사 삼층석탑은 一名 무영탑이라고도 부릅니다. ( )

재미있는 놀이 한자

✏️ 그림에 어울리는 한자를 골라 빈칸에 써 보세요.

> 보기   手   目   口   耳

19일 마음 심

오늘 한자

 마음　 심

마음을 뜻하고
심이라고 읽어요.

형성 원리 [상형] 사람이나 동물의 심장 모양을 본뜬 글자로, '마음'을 뜻해요.

일상 속 한자어
관심(關心): 어떤 것에 마음이 끌려 주의를 기울임.
중심(中心): 사물의 한가운데.
호기심(好奇心): 새롭고 신기한 것을 좋아하거나 모르는 것을 알고 싶어 하는 마음.

✏️ '마음 심'을 모두 찾아 ⭕표 하세요.

또박또박 따라 쓰기

마음 심

부수 心, 총 4획

◆ 쓰는 순서에 맞추어 한자를 바르게 쓰고 익혀 보세요.

쓰는 순서 心 心 心 心

心			
마음 심			

실력쑥쑥 연습 문제

[1-2] 그림과 어울리는 문장이 되도록 빈칸에 알맞은 한자를 써 보세요.

1

人

이 마을은 경치도 좋고 人☐ (인심)도 좋습니다.

2

中

태양계의 별들은 태양을 中☐ (중심)으로 돕니다.

3 다음 문장의 밑줄 친 부분을 한자로 바르게 쓴 것을 골라 그 번호를 쓰세요. (　　)

> 나는 어렸을 때 <u>소심</u>한 성격이었습니다.

① 小心　　② 心地　　③ 心中　　④ 天心

[4-5] 다음 한자의 총 획수를 쓰세요.

4 心 (　　)　　　　**5** 耳 (　　)

재미있는 놀이 한자

🖍 '心'을 쓰는 순서에 맞추어 알맞은 색을 칠해 보세요.

20일 날 생

오늘 한자

 날   생

나다를 뜻하고
생이라고 읽어요.

형성 원리 [상형] 땅 위로 풀이나 나무의 새싹이 돋아나는 모습을 본뜬 글자예요. 처음에는 '나서 자라다'나 '돋다'라는 뜻으로 쓰이다가, 후에 '나다', '태어나다', 또는 '살다'를 뜻하게 되었어요.

일상 속 한자어 생수(生水): 샘구멍에서 솟아 나오는 맑은 물.
생활(生活): 사람이나 동물이 일정한 환경에서 활동하며 살아감.
학생(學生): 학예를 배우는 사람.

✏️ '날 생'을 모두 찾아 ○표 하세요.

八　生　心　生　生　入

또박또박 따라 쓰기

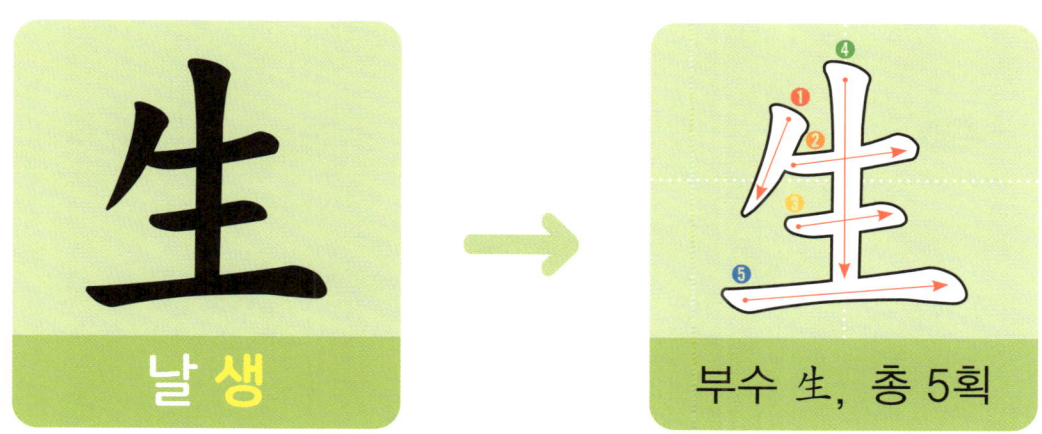

날 생

부수 生, 총 5획

쓰는 순서에 맞추어 한자를 바르게 쓰고 익혀 보세요.

쓰는 순서 生 生 生 生 生

生		生	
날 생			

실력쑥쑥 연습 문제

1 '땅 위로 풀의 새싹이 돋아나는 모습'을 본떠 만든 한자를 골라 그 번호를 쓰세요.

> 보기   ① 木   ② 牛   ③ 生   ④ 林

(　　　)

[2-3] 한자와 뜻의 연결이 바르지 않은 것을 골라 그 번호를 쓰세요.

2 (　　　)

① 林 – 나무   ② 天 – 하늘   ③ 地 – 땅   ④ 耳 – 귀

3 (　　　)

① 魚 – 물고기   ② 千 – 일천   ③ 百 – 일백   ④ 心 – 여덟

[4-5] 다음 문장의 밑줄 친 한자어를 바르게 읽은 것을 골라 그 번호를 쓰세요.

> 보기   ① 생일   ② 생마   ③ 일생   ④ 생수

4 오늘은 내 生日입니다. (　　　)

5 요즘은 生水를 돈을 주고 사 먹는 사람이 많습니다. (　　　)

재미있는 놀이 한자

✏️ 그림과 어울리는 한자어가 되도록 알맞은 한자를 골라 빈칸에 써 보세요.

보기   年   母   日   先   出

선생: 학생을 가르치는 사람.

출생: 세상에 나옴.

생년월일: 태어난 해와 달과 날.

생모: 자기를 낳은 어머니.

⭐ 5주차 6급 예상 문제

[문제 1-2] 뜻과 음에 알맞은 한자를 고르시오.

> 보기   ① 生   ② 耳   ③ 己   ④ 百

1 몸 기 (   )   **2** 귀 이 (   )

3 '사람의 심장 모양'을 나타낸 한자를 고르시오. (   )

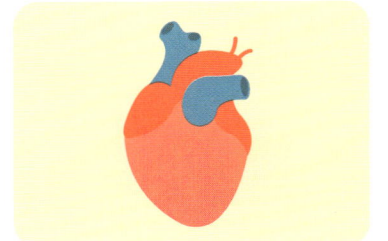

① 九   ② 心
③ 生   ④ 千

4 밑줄 친 부분을 뜻하는 한자가 잘못 쓰인 것을 고르시오. (   )

① <u>두</u> 사람이 함께 길을 걷고 있습니다: 二
② 두 손으로 <u>귀</u>를 막았습니다: 耳
③ 내 친구는 착한 <u>마음</u>을 가졌습니다: 心
④ 아이가 <u>태어났습니다</u>: 先

6급
정답 및 부록

대한검정회 한자급수자격검정시험 대비

한자 어휘 ································ 112

확인 학습 ······························· 115

모의시험 ································ 123

정답 ·· 130

OMR 답안지 ·························· 135

한자 카드 ································ 141

뜻이 반대되는 한자

뜻이 서로 반대되거나 상대적인 뜻을 갖는 한자 (8~6급 한자)

| 山 ↔ 川 | 男 ↔ 女 |
| 메(뫼) 산 / 내 천 | 사내 남 / 여자 녀 |

| 玉 ↔ 石 | 大 ↔ 小 |
| 구슬 옥 / 돌 석 | 큰 대 / 작을 소 |

| 天 ↔ 地 | 東 ↔ 西 |
| 하늘 천 / 땅 지 | 동녘 동 / 서녘 서 |

| 江 ↔ 山 | 父 ↔ 母 |
| 강 강 / 메(뫼) 산 | 아버지 부 / 어머니 모 |

| 內 ↔ 外 | 上 ↔ 下 |
| 안 내 / 바깥 외 | 위 상 / 아래 하 |

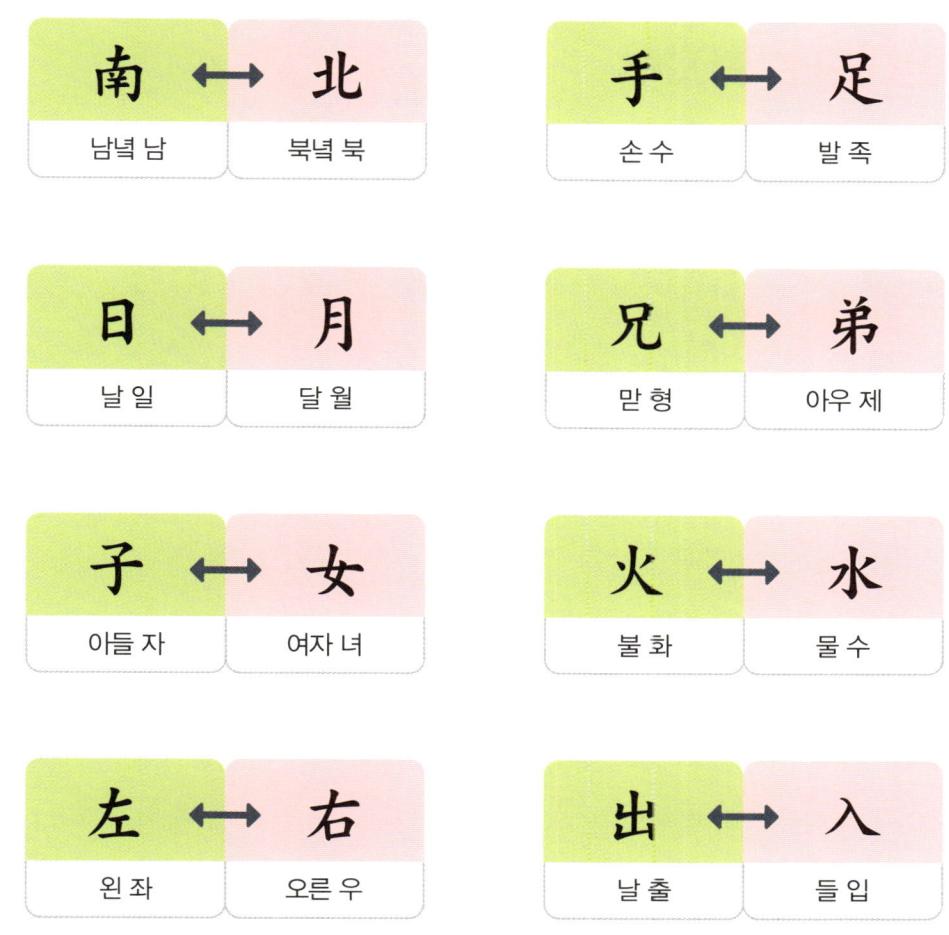

뜻이 비슷한 한자

뜻이 서로 비슷한 한자 (8~6급 한자)

뜻이 반대되는 한자어

뜻이 서로 반대되거나 상대적인 뜻을 가진 한자어 (8~6급 한자)

두음 법칙을 적용받는 한자

두음 법칙: 한자의 음에서 단어의 첫소리에 'ㄴ'이나 'ㄹ'이 올 때 그 음이 'ㅇ'이나 'ㄴ'으로 바뀌는 현상.

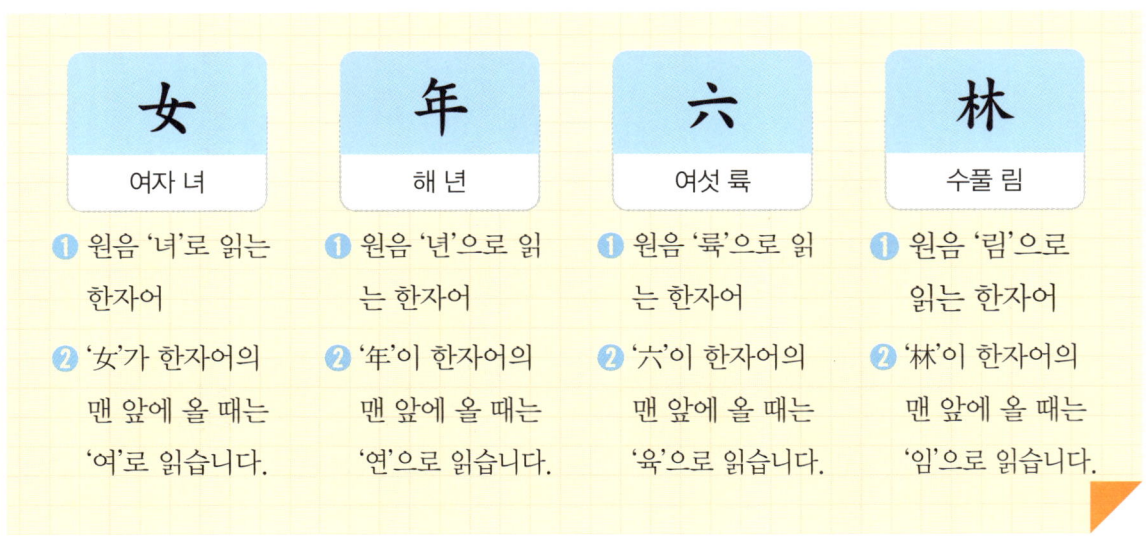

6급 한자 확인 학습 ①

6급 신규 한자 20자

🖊 한자에 알맞은 뜻과 음을 빈칸에 써 보면서 6급 신규 한자 공부를 마무리해 보세요.

犬	己	林	馬	名
개 견				

百	生	石	先	姓

心	羊	魚	玉	牛

耳	地	川	千	天

7급 포함 한자 20자

한자에 알맞은 뜻과 음을 빈칸에 써 보면서 7급 포함 한자 공부를 마무리해 보세요.

年	大	中	小	目
해 년				

口	手	足	左	右

上	下	出	入	內

外	江	山	靑	白

8급 포함 한자 30자

◆ 한자에 알맞은 뜻과 음을 빈칸에 써 보면서 8급 포함 한자 공부를 마무리해 보세요.

一	二	三	四	五
한 일				

六	七	八	九	十

月	火	水	木	金

土	日	女	男	人

子	父	母	兄	弟

東	西	南	北	門

6급 한자 확인 학습 ②

6급 신규 한자 20자

뜻과 음에 알맞은 한자를 빈칸에 써 보면서 6급 신규 한자 공부를 마무리해 보세요.

犬				
개 견	몸 기	수풀 림	말 마	이름 명

일백 백	날 생	돌 석	먼저 선	성씨 성

마음 심	양 양	물고기 어	구슬 옥	소 우

귀 이	땅 지	내 천	일천 천	하늘 천

7급 포함 한자 20자

뜻과 음에 알맞은 한자를 빈칸에 써 보면서 7급 포함 한자 공부를 마무리해 보세요.

年				
해 년	큰 대	가운데 중	작을 소	눈 목

입 구	손 수	발 족	왼 좌	오른 우

위 상	아래 하	날 출	들 입	안 내

바깥 외	강 강	메(뫼) 산	푸를 청	흰 백

8급 포함 한자 30자

뜻과 음에 알맞은 한자를 빈칸에 써 보면서 8급 포함 한자 공부를 마무리해 보세요.

一				
한 일	두 이	석 삼	넉 사	다섯 오

여섯 륙	일곱 칠	여덟 팔	아홉 구	열 십

달 월	불 화	물 수	나무 목	쇠 금

흙 토	날 일	여자 녀	사내 남	사람 인

확인 학습

아들 자	아버지 부	어머니 모	맏 형	아우 제

동녘 동	서녘 서	남녘 남	북녘 북	문 문

한자급수자격검정시험 대비
모의 한자급수자격검정시험

대한검정회 한자급수자격검정시험 대비

6급

※ 뒤쪽에 OMR 답안지를 수록하였습니다.
실제 시험과 같은 환경에서 답안지 작성법을 연습할 수 있도록
오려서 사용해 보세요.

* 모의 한자급수자격검정시험 유의 사항

- 모의 한자급수자격검정시험은 [오늘한자 6급] 과정 학습이 모두 끝난 후 풀어 보세요.

- 6급 한자급수자격검정시험의 문항 수는 50문제이며, 배정 시간은 40분입니다.

- 답안지를 작성할 때는 실제 시험에서와 같이 검은색 볼펜을 사용하세요.
  (연필 및 굵은 사인펜 제외)

- 1문항당 2점이고 70점 이상이면 합격이므로, 50문항 중 35문항 이상 맞히면 됩니다.

- 실제 시험에서와 같이 배정 시간 40분을 정확히 지키세요.

1회 대한민국한자급수자격검정시험문제

6급 수험번호: 성명:

■ 다음 물음에 맞는 답의 번호를 골라 답안지의 해당 답란에 표시하시오.

※ 한자의 뜻과 음으로 바른 것을 고르시오.

1. 川 ( ) ① 내 천 ② 손 수 ③ 먼저 선 ④ 강 강
2. 中 ( ) ① 마음 심 ② 양 양 ③ 발 족 ④ 가운데 중
3. 石 ( ) ① 한 일 ② 돌 석 ③ 소 우 ④ 입 구
4. 入 ( ) ① 나무 목 ② 여덟 팔 ③ 들 입 ④ 수풀 림
5. 南 ( ) ① 남녘 남 ② 서녘 서 ③ 동녘 동 ④ 북녘 남
6. 己 ( ) ① 귀 이 ② 몸 기 ③ 구슬 옥 ④ 오른 우
7. 百 ( ) ① 흰 백 ② 일백 백 ③ 물고기 어 ④ 두 이
8. 大 ( ) ① 개 견 ② 다섯 오 ③ 사람 인 ④ 큰 대
9. 地 ( ) ① 땅 지 ② 성씨 성 ③ 흙 토 ④ 일천 천
10. 父 ( ) ① 아우 제 ② 여덟 팔 ③ 아홉 구 ④ 아버지 부

※ 뜻과 음에 알맞은 한자를 고르시오.

11. 쇠 금 ( ) ① 金 ② 女 ③ 一 ④ 人
12. 푸를 청 ( ) ① 年 ② 先 ③ 靑 ④ 牛
13. 넉 사 ( ) ① 四 ② 三 ③ 西 ④ 木
14. 하늘 천 ( ) ① 江 ② 川 ③ 天 ④ 地
15. 구슬 옥 ( ) ① 玉 ② 石 ③ 火 ④ 水
16. 아홉 구 ( ) ① 九 ② 門 ③ 己 ④ 日
17. 양 양 ( ) ① 馬 ② 羊 ③ 牛 ④ 月
18. 개 견 ( ) ① 水 ② 大 ③ 小 ④ 犬
19. 왼 좌 ( ) ① 右 ② 門 ③ 左 ④ 男
20. 아들 자 ( ) ① 弟 ② 子 ③ 姓 ④ 心

※ 물음에 알맞은 답을 고르시오.

21. "나무의 뿌리와 가지의 모양"을 나타내어 '나무'의 뜻을 가진 한자는? ( )
  ① 木 ② 目 ③ 日 ④ 火

22) <u>男子</u>의 23) <u>生日</u>은 1월이다.

22. 위의 밑줄 친 '男子'을(를) 바르게 읽은 것은? ( )
  ① 제형 ② 남자 ③ 모자 ④ 제부

23. 위의 밑줄 친 '生日'의 뜻으로 바른 것은? ( )
  ① 학교를 다니면서 공부하는 사람
  ② 신선한 물고기
  ③ 세상에 태어난 날
  ④ 생계나 살림을 꾸려 나감

24. 밑줄 친 부분에 해당하는 한자가 <u>잘못</u> 쓰인 것은? ( )
  ① 시곗바늘은 오른쪽에서 <u>왼쪽</u>으로 돈다: 右
  ② 그 사람 성격은 순한 <u>양</u>이다: 羊
  ③ 우리 고장은 <u>산</u> 좋고 물 좋은 곳이다: 山
  ④ <u>수풀</u>에 스치는 바람 소리가 정겹다: 林

25. 한자와 총획의 연결이 바르지 <u>않은</u> 것은? ( )
  ① 出-총5획 ② 心-총5획 ③ 馬-총10획 ④ 耳-총6획

26. '足'의 반의자(상대 또는 반대되는 뜻의 한자)는? ( )
  ① 手 ② 水 ③ 江 ④ 入

※ 어휘를 바르게 읽은 것을 고르시오.

27. 牛馬 ( ) ① 우리 ② 마유 ③ 우마 ④ 우산
28. 內外 ( ) ① 내외 ② 내장 ③ 안내 ④ 내부
29. 男女 ( ) ① 남아 ② 남녀 ③ 여자 ④ 남남
30. 先生 ( ) ① 선행 ② 선정 ③ 선물 ④ 선생
31. 西門 ( ) ① 동문 ② 서문 ③ 남문 ④ 북문

※ 어휘의 뜻으로 알맞은 것을 고르시오.

32. 白玉 ( )
  ① 일반 국민 ② 백 일 동안
  ③ 흰 옷 ④ 흰 옥

[6급 가형] 대한검정회

33. 姓名 (   )
① 그 해의 안 ② 성과 이름
③ 밝을 달 ④ 활동을 쉬는 일

34. 入下 (   )
① 더하기 ② 나누기
③ 뺌 ④ 곱하기

※ 낱말을 한자로 바르게 쓴 것을 고르시오.

35. 소어: 조그마한 물고기. (   )
① 大魚 ② 人魚 ③ 北魚 ④ 小魚

36. 청목: 검푸른 물을 들인 무명. (   )
① 林木 ② 山林 ③ 金門 ④ 靑木

37. 백일: 구름이 끼지 않아 밝게 빛나는 해. (   )
① 白日 ② 千百 ③ 百年 ④ 百口

38. 토지: 경지나 주거지 따위의 사람의 생활과 활동에 이용하는 땅. (   )
① 地下 ② 地上 ③ 土地 ④ 地名

※ 밑줄 친 어휘를 바르게 읽은 것을 고르시오.

39. 사람들의 耳目을 집중시켰다. (   )
① 이중 ② 이치 ③ 안목 ④ 이목

40. 굼벵이가 매미가 되기까지는 七年이라는 시간이 걸린다. (   )
① 육 년 ② 칠 년 ③ 오 년 ④ 팔 년

41. 운동선수 중 先天적으로 신체 조건이 좋은 경우가 많다. (   )
① 선천 ② 선사 ③ 설명 ④ 우천

42. 불혹의 나이는 四十이다. (   )
① 이십 ② 삼십 ③ 사십 ④ 오십

43. 삼각형의 수심은 무게 중심과 外心을 연결한 일직선 위에 있다. (   )
① 내심 ② 외심 ③ 입구 ④ 외출

44. 東北 아시아 지역은 유도를 중시한다. (   )
① 동서 ② 명동 ③ 동북 ④ 동반

※ 밑줄 친 부분을 한자로 바르게 쓴 것을 고르시오.

우리 45)부모님은 46)인심이 좋다.

45. 부모 (   )
① 父子 ② 父母 ③ 母女 ④ 女子

46. 인심 (   )
① 人心 ② 人口 ③ 小心 ④ 人目

※ 물음에 알맞은 답을 고르시오.

47. '年上'의 반의어(상대 또는 반대되는 뜻의 어휘)는? (   )
① 年中 ② 一年 ③ 靑年 ④ 年下

48. "二, 八, 十, 五"의 숫자를 작은 수부터 순서대로 바르게 나열한 것은? (   )
① 二, 五, 八, 十
② 二, 十, 五, 八
③ 十, 五, 二, 八
④ 八, 二, 五, 十

49. "南大門"의 뜻으로 바른 것은? (   )
① 서울에 있는 숭례문의 다른 이름
② 우리나라 대통령 관저
③ 경주에 있는 절
④ 조선 시대 궁궐

50. '兄弟'가 서로 대하는 태도로 바른 것은? (   )
① 부모님 앞에서 큰 소리로 싸운다.
② 弟를 괴롭힌다.
③ 맛있는 음식은 사이좋게 나눠 먹는다.
④ 兄의 공부를 방해한다.

♣ 수고하셨습니다.

2회 대한민국한자급수자격검정시험문제

6급 수험번호: 성명:

■ 다음 물음에 맞는 답의 번호를 골라 답안지의 해당 답란에 표시하시오.

※ 한자의 뜻과 음으로 바른 것을 고르시오.

1. 耳 (   )   ① 귀 이   ② 강 강
   ③ 바깥 외   ④ 내 천
2. 足 (   )   ① 왼 좌   ② 발 족
   ③ 손 수   ④ 날 일
3. 土 (   )   ① 나무 목   ② 먼저 선
   ③ 돌 석   ④ 흙 토
4. 入 (   )   ① 여섯 륙   ② 일곱 칠
   ③ 아홉 구   ④ 들 입
5. 右 (   )   ① 여자 녀   ② 오른 우
   ③ 일천 천   ④ 말 마
6. 地 (   )   ① 흰 백   ② 몸 기
   ③ 땅 지   ④ 물 수
7. 魚 (   )   ① 일천 천   ② 가운데 중
   ③ 물고기 어   ④ 푸를 청
8. 小 (   )   ① 개 견   ② 작을 소
   ③ 사내 남   ④ 달 월
9. 兄 (   )   ① 맏 형   ② 아래 하
   ③ 양 양   ④ 위 상
10. 母 (   )   ① 눈 목   ② 쇠 금
    ③ 어머니 모   ④ 아버지 부

※ 뜻과 음에 알맞은 한자를 고르시오.

11. 한 일 (   )   ① 日 ② 一 ③ 二 ④ 三
12. 동녘 동 (   )   ① 東 ② 西 ③ 南 ④ 北
13. 양 양 (   )   ① 魚 ② 犬 ③ 馬 ④ 羊
14. 하늘 천 (   )   ① 上 ② 天 ③ 心 ④ 生
15. 손 수 (   )   ① 手 ② 水 ③ 木 ④ 目
16. 열 십 (   )   ① 九 ② 下 ③ 十 ④ 日
17. 사람 인 (   )   ① 玉 ② 石 ③ 先 ④ 人
18. 사내 남 (   )   ① 兄 ② 子 ③ 川 ④ 男
19. 큰 대 (   )   ① 千 ② 大 ③ 百 ④ 十
20. 불 화 (   )   ① 山 ② 年 ③ 火 ④ 靑

※ 물음에 알맞은 답을 고르시오.

21. "입 모양"을 나타내어 '입'의 뜻을 가진 한자는?
                                      (   )
    ① 日   ② 入   ③ 口   ④ 目

22) 北魚는 한 쾌에 23) 二十 마리이다.

22. 위의 밑줄 친 '北魚'을(를) 바르게 읽은 것은? (   )
    ① 부자   ② 남북   ③ 북어   ④ 북상
23. 위의 밑줄 친 '二十'의 뜻으로 바른 것은? (   )
    ① 십의 두 배가 되는 수
    ② 사는 곳을 다른 데로 옮김
    ③ 한 해 열두 달 가운데 둘째 달
    ④ 한 해 한 해
24. 밑줄 친 부분에 해당하는 한자가 잘못 쓰인 것은?
                                      (   )
    ① 우리 동네에는 개가 많다: 犬
    ② 몸이 건강하다: 己
    ③ 닭이 알을 낳다: 生
    ④ 전라도 땅에는 논이 많다: 川
25. 한자와 총획의 연결이 바르지 않은 것은? (   )
    ① 名-총 6획 ② 姓-총 10획 ③ 地-총 6획 ④ 江-총 6획
26. '父'의 반의자(상대 또는 반대되는 뜻의 한자)는?
                                      (   )
    ① 子   ② 男   ③ 女   ④ 母

※ 어휘를 바르게 읽은 것을 고르시오.

27. 耳石 (   )   ① 이석 ② 석수 ③ 이명 ④ 우이
28. 先手 (   )   ① 선주 ② 선장 ③ 선수 ④ 선남
29. 生馬 (   )   ① 생일 ② 생사 ③ 선물 ④ 생마
30. 己心 (   )   ① 기지 ② 기심 ③ 기운 ④ 기수
31. 父兄 (   )   ① 부형 ② 부재 ③ 부부 ④ 형부

※ 어휘의 뜻으로 알맞은 것을 고르시오.

32. 玉水 (   )
    ① 귀중한 물   ② 아름다운 손
    ③ 좋은 것과 나쁜 것   ④ 누른 빛깔의 옥 같이 고운 돌

[6급 가형] 대한검정회

33. 出口 ( )
   ① 나라의 국경 밖으로 나감 ② 들어가는 통로
   ③ 목적지를 향하여 나아감 ④ 밖으로 나갈 수 있는 통로

34. 入金 ( )
   ① 돈을 내어 쓰거나 내어 줌 ② 서로 바꿈
   ③ 나머지 금액 ④ 돈을 들여놓거나 넣어 줌

※ 낱말을 한자로 바르게 쓴 것을 고르시오.

35. 백성: 일반 국민. ( )
   ① 百姓 ② 白姓 ③ 一生 ④ 年月

36. 백수: 맨 손. ( )
   ① 百日 ② 白日 ③ 白手 ④ 白水

37. 천하: 하늘 아래의 온 세상. ( )
   ① 下川 ② 天下 ③ 天馬 ④ 天牛

38. 우목: 소의 눈. ( )
   ① 牛馬 ② 牛木 ③ 牛目 ④ 牛耳

※ 밑줄 친 어휘를 바르게 읽은 것을 고르시오.

39. 벌목과 화재로 山林 자원이 점차 고갈되어 가고 있다. ( )
   ① 산청 ② 산림 ③ 공산 ④ 임수

40. 나는 그 방면에는 門外한이다. ( )
   ① 내문 ② 문안 ③ 문외 ④ 방문

41. 스승의 가르침을 따르는 것이 弟子의 도리이다. ( )
   ① 제자 ② 제사 ③ 재주 ④ 재목

42. 시골 마을이 中小도시로 변모했다. ( )
   ① 중견 ② 중소 ③ 중립 ④ 중지

43. 그 책은 上下 두 권으로 되어 있다. ( )
   ① 선후 ② 좌우 ③ 상하 ④ 평행

44. 겨울에 北西계절풍의 영향으로 기온이 많이 내려간다. ( )
   ① 북서 ② 북동 ③ 남서 ④ 동서

※ 밑줄 친 부분을 한자로 바르게 쓴 것을 고르시오.

젊은 45)청년의 직업은 46)대목이다.

45. 청년 ( )
   ① 青年 ② 小女 ③ 左足 ④ 男子

46. 대목 ( )
   ① 火木 ② 土木 ③ 大木 ④ 日天

※ 물음에 알맞은 답을 고르시오.

47. '左手'의 반의어(상대 또는 반대되는 뜻의 어휘)는? ( )
   ① 右手 ② 石手 ③ 玉手 ④ 一手

48. "一, 三, 九, 七"의 숫자를 작은 수부터 순서대로 바르게 나열한 것은? ( )
   ① 九, 七, 一, 三
   ② 一, 三, 七, 九
   ③ 三, 一, 九, 七
   ④ 七, 三, 一, 九

49. "十中八九"의 뜻으로 바른 것은? ( )
   ① 위와 아래, 왼쪽과 오른쪽.
   ② 열 가운데 여덟이나 아홉 정도로 거의 대부분이거나 거의 틀림없다.
   ③ 아홉 번 죽을 뻔하다 한 번 살아난다.
   ④ 싸울 때마다 이긴다.

50. 先生님을 대하는 태도로 바른 것은? ( )
   ① 先生님께 무작정 화를 낸다.
   ② 先生님께 예의를 지킨다.
   ③ 先生님께 존댓말을 쓰지 않는다.
   ④ 先生님 앞에서 친구들과 싸운다.

♣ 수고하셨습니다.

3회 대한민국한자급수자격검정시험문제

6급   수험번호: 성명:

■ 다음 물음에 맞는 답의 번호를 골라 답안지의 해당 답란에 표시하시오.

※ 한자의 뜻과 음으로 바른 것을 고르시오.

1. 青 ( )   ① 푸를 청 ② 말 마 ③ 한 일 ④ 마음 심
2. 先 ( )   ① 오른 우 ② 돌 석 ③ 먼저 선 ④ 입 구
3. 玉 ( )   ① 일백 백 ② 구슬 옥 ③ 소 우 ④ 문 문
4. 十 ( )   ① 작을 소 ② 여덟 팔 ③ 땅 지 ④ 열 십
5. 白 ( )   ① 사내 남 ② 가운데 중 ③ 흰 백 ④ 쇠 금
6. 年 ( )   ① 해 년 ② 날 출 ③ 오른 우 ④ 불 화
7. 魚 ( )   ① 물고기 어 ② 남녘 남 ③ 동녘 동 ④ 석 삼
8. 川 ( )   ① 안 내 ② 내 천 ③ 아우 제 ④ 사람 인
9. 林 ( )   ① 수풀 림 ② 어미 모 ③ 귀 이 ④ 넉 사
10. 子 ( )   ① 아들 자 ② 여자 녀 ③ 들 입 ④ 입 구

※ 뜻과 음에 알맞은 한자를 고르시오.

11. 말 마 ( )   ① 牛 ② 目 ③ 馬 ④ 木
12. 두 이 ( )   ① 二 ② 三 ③ 山 ④ 小
13. 일천 천 ( )   ① 天 ② 千 ③ 手 ④ 下
14. 날 생 ( )   ① 生 ② 土 ③ 日 ④ 外
15. 마음 심 ( )   ① 地 ② 玉 ③ 牛 ④ 心
16. 큰 대 ( )   ① 大 ② 小 ③ 姓 ④ 六
17. 여덟 팔 ( )   ① 八 ② 上 ③ 九 ④ 五
18. 맏 형 ( )   ① 父 ② 兄 ③ 出 ④ 門
19. 발 족 ( )   ① 左 ② 人 ③ 火 ④ 足
20. 안 내 ( )   ① 江 ② 內 ③ 西 ④ 己

※ 물음에 알맞은 답을 고르시오.

21. "몸 모양"을 나타내어 '몸'의 뜻을 가진 한자는? ( )
   ① 目 ② 靑 ③ 己 ④ 內

<u>22)玉川</u>은 전라북도 순창의 옛 23)<u>地名</u>이다.

22. 위의 밑줄 친 '玉川'을(를) 바르게 읽은 것은? ( )
   ① 옥자 ② 천금 ③ 옥천 ④ 복선

23. 위의 밑줄 친 '地名'의 뜻으로 바른 것은? ( )
   ① 사람이 살고 있는 땅
   ② 두뇌의 작용
   ③ 서로 매우 다름
   ④ 마을이나 지역의 이름

24. 밑줄 친 부분에 해당하는 한자가 <u>잘못</u> 쓰인 것은? ( )
   ① 나는 친구들 중에서 가장 <u>먼저</u> 결혼했다: 先
   ② 몸은 늙었지만 <u>마음</u>은 아직 청춘이다: 心
   ③ 소음이 심해서 <u>귀</u>가 먹먹하다: 耳
   ④ 농가에서 <u>소</u>는 큰 재산이다: 天

25. 한자와 총획의 연결이 바르지 <u>않은</u> 것은? ( )
   ① 己-총 3획 ② 中-총 5획 ③ 母-총 5획 ④ 魚-총 11획

26. '火'의 반의자(상대 또는 반대되는 뜻의 한자)는? ( )
   ① 玉 ② 姓 ③ 名 ④ 水

※ 어휘를 바르게 읽은 것을 고르시오.

27. 手足 ( )   ① 수족 ② 수명 ③ 인장 ④ 민족
28. 百年 ( )   ① 반년 ② 백년 ③ 백일 ④ 백구
29. 日月 ( )   ① 일월 ② 이월 ③ 월하 ④ 월일
30. 金門 ( )   ① 금토 ② 금문 ③ 백금 ④ 도금
31. 弟子 ( )   ① 제부 ② 재미 ③ 제자 ④ 재수

※ 어휘의 뜻으로 알맞은 것을 고르시오.

32. 男心 ( )
   ① 어머니의 마음   ② 나쁜 마음
   ③ 남자의 마음   ④ 착한 마음

[6급 가형] 대한검정회

33. 白目 (   )
    ① 솜을 자아 만든 실로 짠 베 ② 눈알의 흰자위
    ③ 이름 높은 임금 ④ 소나무

34. 木石 (   )
    ① 목수 ② 가축을 놓아 기름
    ③ 나무와 돌 ④ 어린 나무

※ 낱말을 한자로 바르게 쓴 것을 고르시오.

35. 내산: 안쪽에 있는 산. (   )
    ① 外山 ② 內山 ③ 月山 ④ 天山

36. 강구: 강물이 바다로 흘러가는 어귀. (   )
    ① 江口 ② 耳口 ③ 口江 ④ 川魚

37. 하인: 남의 집에 매여 일을 하는 사람. (   )
    ① 中下 ② 中上 ③ 上下 ④ 下人

38. 소견: 오리온자리와 쌍둥이자리 사이에 있는 별자리. (   )
    ① 大犬 ② 小犬 ③ 中小 ④ 人心

※ 밑줄 친 어휘를 바르게 읽은 것을 고르시오.

39. 山羊은 주로 암벽으로 이루어진 산에서 서식한다. (   )
    ① 산양 ② 산중 ③ 속세 ④ 양산

40. 옆집 父子는 휴일마다 함께 등산을 한다.(   )
    ① 부자 ② 부녀 ③ 부산 ④ 부부

41. 파도에 여객선이 左右로 흔들린다. (   )
    ① 우좌 ② 우석 ③ 좌우 ④ 우유

42. 외부인의 出入을 삼가다. (   )
    ① 외출 ② 출입 ③ 출장 ④ 입출

43. 그 책은 外人이 두고 간 책이다. (   )
    ① 외주 ② 외박 ③ 외인 ④ 상주

44. 2024년 추석은 九月이다. (   )
    ① 칠월 ② 팔월 ③ 사월 ④ 구월

※ 밑줄 친 부분을 한자로 바르게 쓴 것을 고르시오.

45)남자는 46)우마를 끌고 외출했다.

45. 남자 (   )
    ① 男子 ② 女子 ③ 男女 ④ 父女

46. 우마 (   )
    ① 牛耳 ② 耳牛 ③ 牛馬 ④ 馬牛

※ 물음에 알맞은 답을 고르시오.

47. '東'의 반의어(상대 또는 반대되는 뜻의 어휘)는?
    (   )
    ① 西 ② 南 ③ 北 ④ 四

48. "六, 五, 七, 一"의 숫자를 작은 수부터 순서대로 바르게 나열한 것은? (   )
    ① 五, 七, 一, 六
    ② 五, 六, 一, 七
    ③ 六, 五, 一, 七
    ④ 一, 五, 六, 七

49. "生年月日"의 뜻으로 바른 것은? (   )
    ① 맑게 갠 하늘에서 밝게 비치는 해.
    ② 세상에서 견줄 만한 것이 없다.
    ③ 난 해와 달과 날.
    ④ 누구를 형이라 아우라 하기 어렵다.

50. 스승을 대하는 弟子의 태도로 옳은 것은?
    (   )
    ① 인사를 하지 않는다.
    ② 수업 중 시끄럽게 떠든다.
    ③ 수업에 집중한다.
    ④ 숙제를 해 오지 않는다.

♣ 수고하셨습니다.

7급 한자 복습

15쪽
1.

16쪽
2.
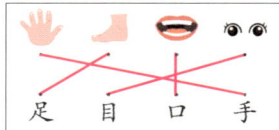

3.

17쪽
4. ② 5. ① 6. ③
7.

18쪽
8. ① 9. ④
10~12.

19쪽
13.

1주차

1일
22쪽

24쪽
1. ② 2. ②
3. 뜻: 개, 음: 견

25쪽

2일
26쪽

28쪽
1. 木馬 2. 出馬 3. ①
4. ③ 5. 10 6. 4

29쪽

3일
30쪽

32쪽
1. ② 2. ① 3. ④ 4. ①
5. 4 6. 6

33쪽

4일
34쪽

36쪽
1. ③ 2. ① 3. ②
4. ③

37쪽
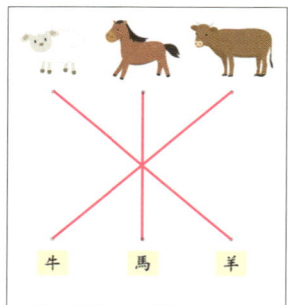

족집게 예상 문제 38쪽 1. ② 2. ① 3. ③ 4. ④ 5. ③ 6. ③

2주차

5일
40쪽
㊀魚 南 ㊁魚 男 馬 ㊂魚

42쪽
1. 人魚 2. 北魚 3. ①
4. ④ 5. 4 6. 11

43쪽
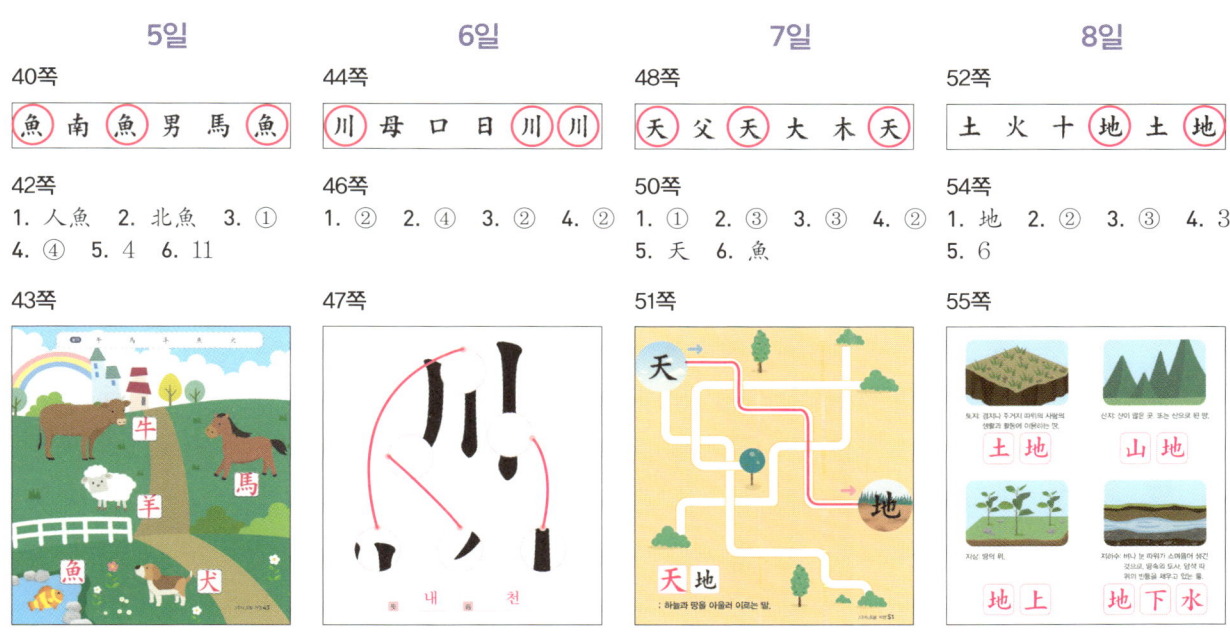

6일
44쪽
㊀川 母 口 日 ㊁川 ㊂川

46쪽
1. ② 2. ④ 3. ② 4. ②

47쪽

7일
48쪽
㊀天 父 ㊁天 大 木 ㊂天

50쪽
1. ① 2. ③ 3. ③ 4. ②
5. 天 6. 魚

51쪽

8일
52쪽
土 火 十 ㊀地 土 ㊁地

54쪽
1. 地 2. ② 3. ③ 4. 3
5. 6

55쪽

족집게 예상 문제 56쪽 1. ③ 2. ② 3. ③ 4. ④ 5. ②

3주차

9일
58쪽
木 六 ㊀林 ㊁林 水 小

60쪽
1. ③ 2. ① 3. ① 4. 8
5. 4

61쪽

10일
62쪽
㊀玉 江 ㊁玉 左 土 ㊂玉

64쪽
1. ① 2. ③ 3. ② 4. ②

65쪽

11일
66쪽
九 ㊀石 右 ㊁石 西 左

68쪽
1. 石 2. ① 3. ④ 4. ④
5. ③

69쪽

12일
70쪽
㊀先 年 手 兄 金 ㊁先

72쪽
1. ④ 2. ① 3. ③ 4. ①
5. ② 6. ③

73쪽

족집게 예상 문제 74쪽 1. ④ 2. ③ 3. ① 4. ③

4주차

13일
76쪽

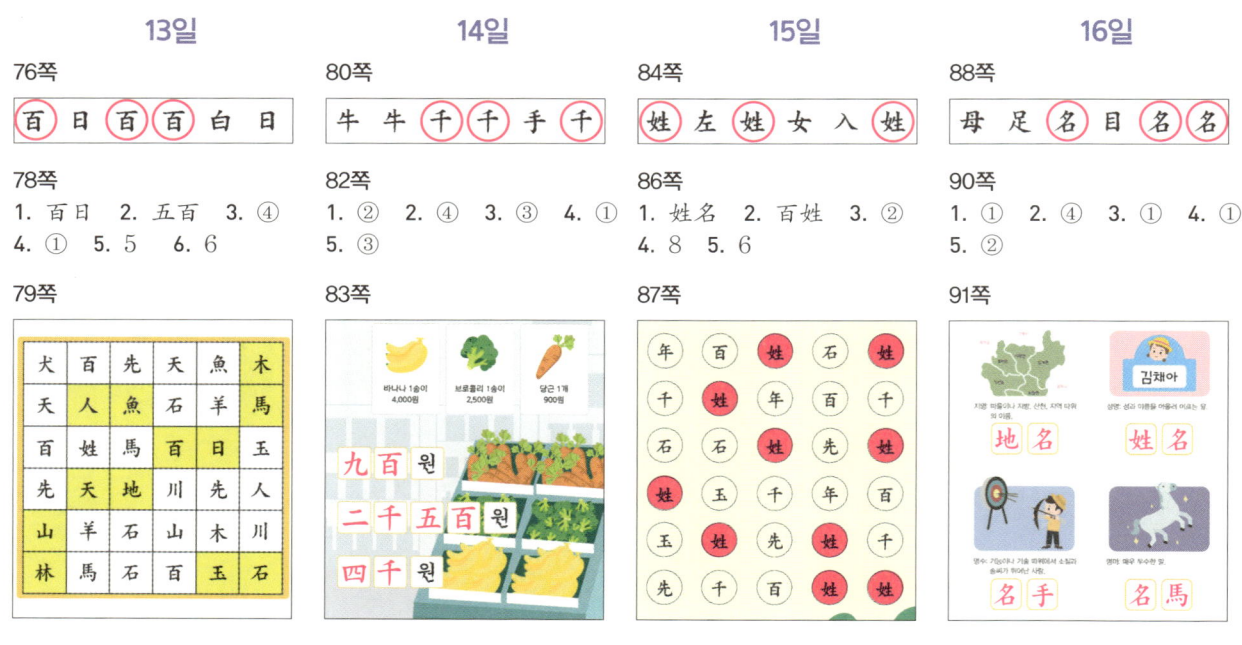

78쪽
1. 百日 2. 五百 3. ④
4. ① 5. 5 6. 6

79쪽

14일
80쪽

82쪽
1. ② 2. ④ 3. ③ 4. ①
5. ③

83쪽

15일
84쪽

86쪽
1. 姓名 2. 百姓 3. ②
4. 8 5. 6

87쪽

16일
88쪽

90쪽
1. ① 2. ④ 3. ① 4. ①
5. ②

91쪽

족집게 예상 문제 92쪽 1. ④ 2. ① 3. ② 4. ② 5. ②

5주차

17일
94쪽

96쪽
1. ② 2. ① 3. ② 4. ①
5. 6 6. 3

97쪽

18일
98쪽

100쪽
1. ③ 2. 右耳 3. ②
4. ③

101쪽

19일
102쪽

104쪽
1. 人心 2. 中心 3. ①
4. 4 5. 6

105쪽

20일
106쪽

108쪽
1. ③ 2. ① 3. ④ 4. ①
5. ④

109쪽

족집게 예상 문제 110쪽 1. ③ 2. ② 3. ② 4. ④

모의시험

124쪽

1회 한자급수자격검정시험 6급 정답

1	①	6	②	11	①	16	①	21	①	26	①	31	②	36	④	41	①	46	①
2	④	7	②	12	③	17	②	22	②	27	③	32	④	37	①	42	③	47	④
3	②	8	④	13	①	18	④	23	③	28	①	33	②	38	③	43	②	48	①
4	③	9	①	14	③	19	③	24	①	29	②	34	③	39	④	44	③	49	①
5	①	10	④	15	①	20	②	25	②	30	④	35	④	40	②	45	②	50	③

126쪽

2회 한자급수자격검정시험 6급 정답

1	①	6	③	11	②	16	③	21	③	26	④	31	①	36	③	41	①	46	③
2	②	7	③	12	①	17	④	22	③	27	①	32	①	37	②	42	②	47	①
3	④	8	②	13	④	18	④	23	①	28	③	33	④	38	③	43	③	48	②
4	④	9	①	14	②	19	②	24	④	29	④	34	④	39	②	44	①	49	②
5	②	10	③	15	①	20	③	25	②	30	②	35	①	40	③	45	①	50	②

128쪽

3회 한자급수자격검정시험 6급 정답

1	①	6	①	11	③	16	①	21	③	26	④	31	③	36	①	41	③	46	③
2	③	7	①	12	①	17	①	22	③	27	①	32	③	37	④	42	②	47	①
3	②	8	②	13	②	18	②	23	④	28	②	33	②	38	②	43	③	48	④
4	④	9	①	14	①	19	④	24	④	29	①	34	③	39	①	44	④	49	③
5	③	10	①	15	④	20	②	25	②	30	②	35	②	40	①	45	①	50	③

[제0-4호 서식]

제◯회 ◯한자급수자격검정시험 ◯정시대회 답안지 (앞면) ①

시단
발행 **대한민국한자교육연구회** / 대한검정회

※ 주의사항

이 답안지는 한자급수
자격시험 및 전국한문
실력경시대회 겸용입
니다.

1. 답안지가 구겨지거
나 더럽히지 않도록
할 것. 모든 □안의
기록은 첫칸부터 한
자씩 붙여 쓸 것.

2. 답안지의 모든기재
사항은 검정색 볼펜을
사용하여 기재하고
해당번호에 ●한개의
답에만 ● 처럼 칠할
것.

3. 수험번호와 생년월일
을 정확하게 기재하여
주십시오.

4. ※ 표시가 있는 란
은 절대 기입하지 말
것.

5. 기재오류로 인한
책임은 모두 응시자
여러분에게 있습니다.

※ 시험종료 후 시험지
및 답안지를 반드시
제출하십시오.

※ 모든 □안의 기록은
첫 칸부터 한 자씩
붙여 쓰시오.

객관식 답안란

번호	답	번호	답	번호	답
1	① ② ③ ④	14	① ② ③ ④	27	① ② ③ ④	40	① ② ③ ④
2	① ② ③ ④	15	① ② ③ ④	28	① ② ③ ④	41	① ② ③ ④
3	① ② ③ ④	16	① ② ③ ④	29	① ② ③ ④	42	① ② ③ ④
4	① ② ③ ④	17	① ② ③ ④	30	① ② ③ ④	43	① ② ③ ④
5	① ② ③ ④	18	① ② ③ ④	31	① ② ③ ④	44	① ② ③ ④
6	① ② ③ ④	19	① ② ③ ④	32	① ② ③ ④	45	① ② ③ ④
7	① ② ③ ④	20	① ② ③ ④	33	① ② ③ ④	46	① ② ③ ④
8	① ② ③ ④	21	① ② ③ ④	34	① ② ③ ④	47	① ② ③ ④
9	① ② ③ ④	22	① ② ③ ④	35	① ② ③ ④	48	① ② ③ ④
10	① ② ③ ④	23	① ② ③ ④	36	① ② ③ ④	49	① ② ③ ④
11	① ② ③ ④	24	① ② ③ ④	37	① ② ③ ④	50	① ② ③ ④
12	① ② ③ ④	25	① ② ③ ④	38	① ② ③ ④		
13	① ② ③ ④	26	① ② ③ ④	39	① ② ③ ④		

※ 주관식 답안란은 뒷면에 있습니다.

성 명 (한글)

감 독 확 인

정 부

※ 참고사항 (예: 2001. 11. 22 ⇨ 01 11 22)

▲ 시험준비물을 제외한 모든
물품은 가방에 넣어 지정된
장소에 보관할 것.

▲ 시험시간 및 합격기준

등급	시험시간	합격기준
6급~준5급	14:00~14:40(40분)	70점이상
3급~2급	14:00~15:00(60분)	

▲ 합격자발표 : 시험 한 달 뒤 발표
- 홈페이지 및 ARS(060-700-2130)

▲ 자격증 교부방법
- 방문접수자는 접수처에서 교부
- 인터넷접수자는 개별발송

수험번호

※ 기재하고 정확하게 ●처럼 칠할 것.

한자급수시험
등급표기란 / 한문경시대회
부문기관표기란

		A	B	C	D	E	F	G
6급 ○		○	○	○	○	○	○	○
준5급 ○		①	①	①	①	①	①	①
5급 ○		②	②	②	②	②	②	②
준4급 ○		③	③	③	③	③	③	③
4급 ○		④	④	④	④	④	④	④
준3급 ○		⑤	⑤	⑤	⑤	⑤	⑤	⑤
3급 ○		⑥	⑥	⑥	⑥	⑥	⑥	⑥
준2급 ○		⑦	⑦	⑦	⑦	⑦	⑦	⑦
2급 ○		⑧	⑧	⑧	⑧	⑧	⑧	⑧
		⑨	⑨	⑨	⑨	⑨	⑨	⑨

생년월일 (주민번호 앞 6자리)

○	○	○	○	○	○
①	①	①	①	①	①
②	②	②	②	②	②
③	③	③	③	③	③
④	④	④	④	④	④
⑤	⑤	⑤	⑤	⑤	⑤
⑥	⑥	⑥	⑥	⑥	⑥
⑦	⑦	⑦	⑦	⑦	⑦
⑧	⑧	⑧	⑧	⑧	⑧
⑨	⑨	⑨	⑨	⑨	⑨

성별

남 ○
여 ○

대한경정회 한자급수자격검정시험 오프라인 시험 답안지 작성법

1. 답안지 작성시 준비물

- 응시자는 시험 시작 전 신분 확인일을 위한 수험표, 신분증(청소년증, 학생증, 주민등록증, 본회 카드자격증 등)과 시험 준비물인 검정 볼펜, 수정 테이프만 책상 위에 꺼내 놓습니다.

2. 응시자 정보 및 응시 정보 기재

- 답안지를 받으면 답안지 상단의 휘장를 내모 안에 정확히 기재 후, 본인이 응시한 해당 시험 종류에 반드시 마킹합니다.
- 앞면 윗부분의 □□회"의 □ 안에 휘장를 반드시 기재하고, "한자급수자격검정시험" 마킹란에 마킹합니다.
- 성명란은 첫 간부터 한 자씩 채워 씁니다. (점선 □ 안은 내 글자 이상인 성명을 위한 것입니다.)
- 응시자는 수험표에 기록된 수험 번호와 이름을 시험지에 정확히 기입 후, 답안지에도 수험 번호를 해당 부분에 정확히 마킹합니다.
- 수험 번호의 응시 등급은 반드시 □ 안에 첫 간부터 정확하게 쓰고, 하단에 본인이 직접 마킹합니다. (한문경시대회 부문 표기란 부문도 마킹하지 않습니다. 6·5·4·3·2·1급은 첫 번째 간에만 작성합니다.
- 생년월일란은 반드시 □ 안에 첫 간부터 정확하게 쓰고, 하단에 본인이 직접 마킹합니다. (※수험 번호 및 인적 사항 모든 시에는 부문 및 수험표를 참고하도록 합니다.

3. 답안지 작성 유의 사항

- 올바른 답안지 마킹 방법을 숙지합니다. 검정 볼펜을 사용하여 ○(동그라미 칸) 안의 전체를 정확하게 칠합니다.
- 답안 수정은 반드시 수정 테이프를 사용하고, 받으는 다시 쓸 필요가 없습니다. 기재 오류로 인한 책임은 모두 응시자에게 있습니다.
- 답안지에는 낙서하지 않습니다. 경우 확인란에 낙서하지 않습니다. 채점란은 절대 다음하거나 정하지 않도록 합니다. 답안지를 구기거나 정지 않습니다. (본인의 답지 훼손에 의한 오답 처리는 수험자에게 그 책임이 있습니다.)

QR코드를 인식하면 오프라인 시험의 답안지 작성법을 영상으로 상세하게 배울 수 있으며, 급수별 답안지 샘플을 다운받을 수 있습니다.

QR코드를 인식하면 온라인 시험의 유의 사항과 답안지 작성법을 영상으로 상세하게 배울 수 있으며, 기타 안내 사항들을 확인할 수 있습니다.

QR코드를 인식하면 온라인 시험 접수자가 알물은 응시자에 의하여, 실제 시험과 같은 환경에 맞춘 모의시험에 응시할 수 있습니다.

제 □회 □한자급수자격검정시험 ○경시대회 답안지 (앞면) 0 1

[제0-4호 서식]

사단법인 **대한민국한자교육연구회 / 대한검정회**

주의사항

이 답안지는 한자급수자격시험 및 전국한문실력경시대회 겸용입니다.

1. 답안지가 구겨지거나 더럽혀지지 않도록 할 것. 기록은 □안의 첫 칸부터 한 자씩 붙여 쓸 것.
2. 답안지의 모든 기재사항은 검정색 볼펜만을 사용하여 기재하고 해당번호에 ● 처럼 칠할 것. 답에만 ● 처럼 칠할 것.
3. 수험번호와 생년월일을 정확하게 기재하여 주십시오.
4. ※ 표시가 있는 란은 절대 기입하지 말 것.
5. 기재오류로 인한 책임은 모두 응시자 여러분에게 있습니다.

※ 시험종료 후 시험지 및 답안지를 반드시 제출하십시오.

※ 모든 □안의 기록은 첫 칸부터 한 자씩 붙여 쓰시오.

객관식 답안란

번호	①	②	③	④	번호	①	②	③	④	번호	①	②	③	④
1	①	②	③	④	14	①	②	③	④	27	①	②	③	④
2	①	②	③	④	15	①	②	③	④	28	①	②	③	④
3	①	②	③	④	16	①	②	③	④	29	①	②	③	④
4	①	②	③	④	17	①	②	③	④	30	①	②	③	④
5	①	②	③	④	18	①	②	③	④	31	①	②	③	④
6	①	②	③	④	19	①	②	③	④	32	①	②	③	④
7	①	②	③	④	20	①	②	③	④	33	①	②	③	④
8	①	②	③	④	21	①	②	③	④	34	①	②	③	④
9	①	②	③	④	22	①	②	③	④	35	①	②	③	④
10	①	②	③	④	23	①	②	③	④	36	①	②	③	④
11	①	②	③	④	24	①	②	③	④	37	①	②	③	④
12	①	②	③	④	25	①	②	③	④	38	①	②	③	④
13	①	②	③	④	26	①	②	③	④	39	①	②	③	④
										40	①	②	③	④
										41	①	②	③	④
										42	①	②	③	④
										43	①	②	③	④
										44	①	②	③	④
										45	①	②	③	④
										46	①	②	③	④
										47	①	②	③	④
										48	①	②	③	④
										49	①	②	③	④
										50	①	②	③	④

※ 주관식 답안란은 뒷면에 있습니다.

성 명 (한글)

감 독 확 인

정 부

수험번호 — 한자급수시험 등급표기란 / 한문경시대회 부문표기란

						생년월일 (주민번호 앞 6자리)						성별
	⓪	⓪	⓪	⓪	⓪	⓪	⓪	⓪	⓪	⓪	⓪	남 ○ 여 ○
6 ○ 준5 ○ 5 ○ 준4 ○ 4 ○ 준3 ○ 3 ○ 준2 ○ 2 ○	A ○ B ○ C ○ D ○ E ○ F ○ G ○	① ② ③ ④ ⑤ ⑥ ⑦ ⑧ ⑨	① ② ③ ④ ⑤ ⑥ ⑦ ⑧ ⑨	① ② ③ ④ ⑤ ⑥ ⑦ ⑧ ⑨	① ② ③ ④ ⑤ ⑥ ⑦ ⑧ ⑨	① ② ③ ④ ⑤ ⑥ ⑦ ⑧ ⑨	① ② ③ ④ ⑤ ⑥ ⑦ ⑧ ⑨	① ② ③ ④ ⑤ ⑥ ⑦ ⑧ ⑨	① ② ③ ④ ⑤ ⑥ ⑦ ⑧ ⑨	① ② ③ ④ ⑤ ⑥ ⑦ ⑧ ⑨	① ② ③ ④ ⑤ ⑥ ⑦ ⑧ ⑨	

※ 예 : 2001. 11. 22 ⇒ 01 11 22

※ 정확하게 기재하고 해당란에 ● 처럼 칠할 것.

※ 참고사항

▲ 시험준비물을 제외한 모든 물품은 가방에 넣어 지정된 장소에 보관할 것
▲ 시험시간 및 합격기준

등급	시험시간	합격기준
6급~준3급	14:00~14:40(40분)	70점이상
3급~2급	14:00~15:00(60분)	

▲ 합격자발표 : 시험 한 달 뒤 발표
- 홈페이지 및 ARS(060-700-2130)
▲ 자격증 교부방법
- 방문접수자는 접수처에서 교부
- 인터넷접수자는 개별발송

대한검정회 한자급수자격검정시험 오프라인 시험 답안지 작성법

1. 답안지 작성시 준비물

- 응시자는 시험 시작 전 신분 확인을 위한 수험표, 신분증(청소년증, 학생증, 주민등록증, 보회 카드지갑증 등)과 시험 준비물(검정 볼펜, 수정 테이프만 책상 위에 꺼내 놓습니다.

2. 응시자 정보 및 응시 정보 기재

- 답안지를 받으면 단안지 상단의 홍지를 내모 안에 정확히 기재한 후, 본인이 응시한 해당 시험 종류에 반드시 마킹합니다.
- 앞면 좌측부의 "제 □□회의 □□ 안에 홍지를 반드시 기재하고, "한자급수자격검정시험" 좌측면에 마킹합니다.
- 성명란은 첫 건부터 한 자씩 채워 씁니다.
- 응시자는 수험표에 기록된 수험 번호와 이름을 시험지에 정확히 기입 후, 답안지에도 성명을 위한 것입니다. (정선 □ 칸은 내 글자 이상인 성명을 위한 것입니다.)
- 수험 번호의 응시 등급은 반드시 □ 안에 첫 번째 칸부터 정확하게 쓰고, 하단에 본인이 직접 마킹합니다. (한문경시대회 부문 표기란 부분은 마킹하지 않습니다. 6·5·4·3·2·1급은 첫 번째 칸에만 작성합니다.
- 생년월일란은 반드시 □ 안에 첫 번째 칸부터 정확히 쓰고, 하단에 본인이 직접 마킹합니다. 성별도 빠짐없이 마킹합니다. (※수험 번호 및 인적 사항을 모를 시에는 부분 및 수험표를 참고하도록 합니다.)

3. 답안지 작성 유의 사항

- 올바른 단안지 작성 방법을 숙지합니다. 검정 볼펜만 사용하여 ()(동그라미 개) 안의 정체를 정확하게 칠합니다.
- 답안 수정은 반드시 수정 테이프를 사용하고, 반운은 다시 쓸 수 없기가 있습니다. 기재 오류로 인한 책임은 모두 응시자에 있습니다.
- 답안지에는 낙서하지 않습니다. 검독 확인란에 낙서하지 않습니다. 채점란은 절대 단점하거나 침에지 않도록 합니다. 답안지를 구기거나 정지 않습니다. (본인의 답안 훼손에 의한 오답 처리는 수험자에게 그 책임이 있습니다.)

QR코드를 인식하면 오프라인 시험의 답안지 작성법 영상으로 상세하게 배울 수 있으며, 급수별 답안지 샘플을 다운받을 수 있습니다.

QR코드를 인식하면 온라인 시험의 유의 사항과 답안지 작성법 영상으로 상세하게 배울 수 있으며, 기타 안내 사항을 확인할 수 있습니다.

QR코드를 인식하면 응시하는 시험 접수가 있습니다. 응시자에 의하여 맞춤 시험과 같은 환경에 맞춤 모의시험에 응시할 수 있습니다.

[제0-4호 서식]

제 □회 □한자급수자격검정시험 ○경시대회 답안지 (앞면) ◯Ⅰ

시행 발인 **대한민국한자교육연구회 / KTA 대한검정회**

※ 주의사항

이 답안지는 한자급수자격시험 및 전국한문실력경시대회 겸용입니다.

1. 답안지가 구겨지거나 더럽히지 않도록 할 것. 모든 □안의 기록은 첫 칸부터 한 자씩 붙여 쓸 것.
2. 답안지의 모든 기재사항은 검정색 볼펜을 사용하여 ●표 번호에 한 개의 해당번호에만 처럼 칠할 것.
3. 수험번호와 생년월일을 정확하게 기재하여 주십시오.
4. ※ 표가 있는 란은 절대 기입하지 말 것.
5. 기재오류로 인한 책임은 모두 응시자 여러분에게 있습니다.

※ 시험종료 후 시험지 및 답안지를 반드시 제출하십시오.

성 명 (한글)

객관식 답안란

	1	2	3	4			1	2	3	4			1	2	3	4
1	①	②	③	④	14	①	②	③	④	27	①	②	③	④	40	①	②	③	④
2	①	②	③	④	15	①	②	③	④	28	①	②	③	④	41	①	②	③	④
3	①	②	③	④	16	①	②	③	④	29	①	②	③	④	42	①	②	③	④
4	①	②	③	④	17	①	②	③	④	30	①	②	③	④	43	①	②	③	④
5	①	②	③	④	18	①	②	③	④	31	①	②	③	④	44	①	②	③	④
6	①	②	③	④	19	①	②	③	④	32	①	②	③	④	45	①	②	③	④
7	①	②	③	④	20	①	②	③	④	33	①	②	③	④	46	①	②	③	④
8	①	②	③	④	21	①	②	③	④	34	①	②	③	④	47	①	②	③	④
9	①	②	③	④	22	①	②	③	④	35	①	②	③	④	48	①	②	③	④
10	①	②	③	④	23	①	②	③	④	36	①	②	③	④	49	①	②	③	④
11	①	②	③	④	24	①	②	③	④	37	①	②	③	④	50	①	②	③	④
12	①	②	③	④	25	①	②	③	④	38	①	②	③	④					
13	①	②	③	④	26	①	②	③	④	39	①	②	③	④					

※ 주관식 답안란은 뒷면에 있습니다.

정	부

| 감 | 독 | 확 | 인 |

※ 참고사항

예: 2001. 11. 22 ⇔ 01 11 22

▲ 시험준비물을 제외한 모든 물품은 가방에 넣어 지정된 장소에 보관할 것.

▲ 시험시간 및 합격기준

등급	시험시간	합격기준
6급~준3급	14:00~14:40(40분)	70점이상
3급~2급	14:00~15:00(60분)	

▲ 합격자발표: 시험 한 달 위 발표
 - 홈페이지 및 ARS(060-700-2130)

▲ 자격증 교부방법
 - 방문접수자는 접수처에서 교부
 - 인터넷접수자는 개별발송

수험번호

한자급수시험 한문경시대회
등급표기란 부문표기란

6	준5	5	준4	4	준3	3	준2	2

A	B	C	D	E	F	G

생년월일 (주민번호 앞 6자리)

성별
○ 남 ○ 여

※ 정확하게 기재하고 해당란에 ●처럼 칠할 것

대한검정회 한자급수자격검정시험 오프라인 시험 답안지 작성법

1. 답안지 작성 시 준비물

- 응시자는 시험 시작 전 신분 확인을 위한 수험표, 신분증(청소년증, 학생증, 주민등록증, 분회 카드자격증 등)과 시험 준비물의 검정 볼펜, 수정 테이프만 책상 위에 꺼내 놓습니다.

2. 응시자 정보 및 응시 정보 기재

- 답안지를 받으면 답안지 상단의 한자를 네모 안에 정확히 기재한 후, 본인이 응시한 시험 종류에 반드시 마킹합니다.
- 만약 잘못 본인의 한자를 받으면 반드시 기재하고, "한자급수자격검정시험" 마킹란에 마킹합니다.
- 성명란은 첫 칸부터 한 자씩 채워 씁니다. (점선 □ 칸은 내 글자 이름인 성명을 위한 것입니다.)
- 응시자는 수험표에 기록된 수험번호와 이름을 답안지에 정확히 기입한 후, 답안지를 위한 마킹란에 마킹합니다.
- 수험 번호의 응시 급수는 반드시 □ 안에 첫 번째 칸부터 정확하게 쓰고, 하단에 본인이 직접 마킹합니다. (한문경시대회 부분 표기란 부분은 마킹하지 않습니다.)
- 생년월일은 반드시 □ 안에 첫 번째 칸부터 정확하게 쓰고, 하단에 본인이 직접 마킹합니다. 성별도 빠짐없이 마킹합니다. (※수험 번호 및 인적 사항 모두 시에는 부분 및 수험표를 참고하도록 합니다.)

QR코드를 인식하면 오프라인 시험의 답안지 작성방법 영상으로 상세하게 배울 수 있으며, 급수별 답안지 샘플을 다운받을 수 있습니다.

3. 답안지 작성 유의 사항

- 올바른 답안지 마킹 방법을 숙지합니다. 검정 볼펜을 사용하여 ○(동그라미 칸) 안의 전체를 정확하게 칠합니다.
- 답안 수정은 반드시 수정 테이프를 사용하고, 보조는 다시 쓸 필요가 없습니다. 기재 오류로 인한 책임은 모두 응시자에게 있습니다.
- 답안지에는 낙서하지 않습니다. 감독 확인란에 체점란은 절대 답안하거나 훼손하지 않도록 합니다. 답안지를 구기거나 접지 않습니다. (본인의 답안 훼손에 의한 오답 처리는 수험자에게 그 책임이 있습니다.)

QR코드를 인식하면 온라인 시험의 유의 사항과 답안지 작성법을 영상으로 상세하게 배울 수 있습니다. 검정 기타 안내 사항도 확인할 수 있습니다.

QR코드를 인식하면 온라인 시험 점수가 안내된 응시자에 한하여, 실제 시험과 같은 환경에 맞춘 모의시험에 응시할 수 있습니다.

6급 한자 카드

犬 개 견

馬 말 마

羊 양 양

牛 소 우

魚 물고기 어

川 내 천

天 하늘 천

地 땅 지

林 수풀 림

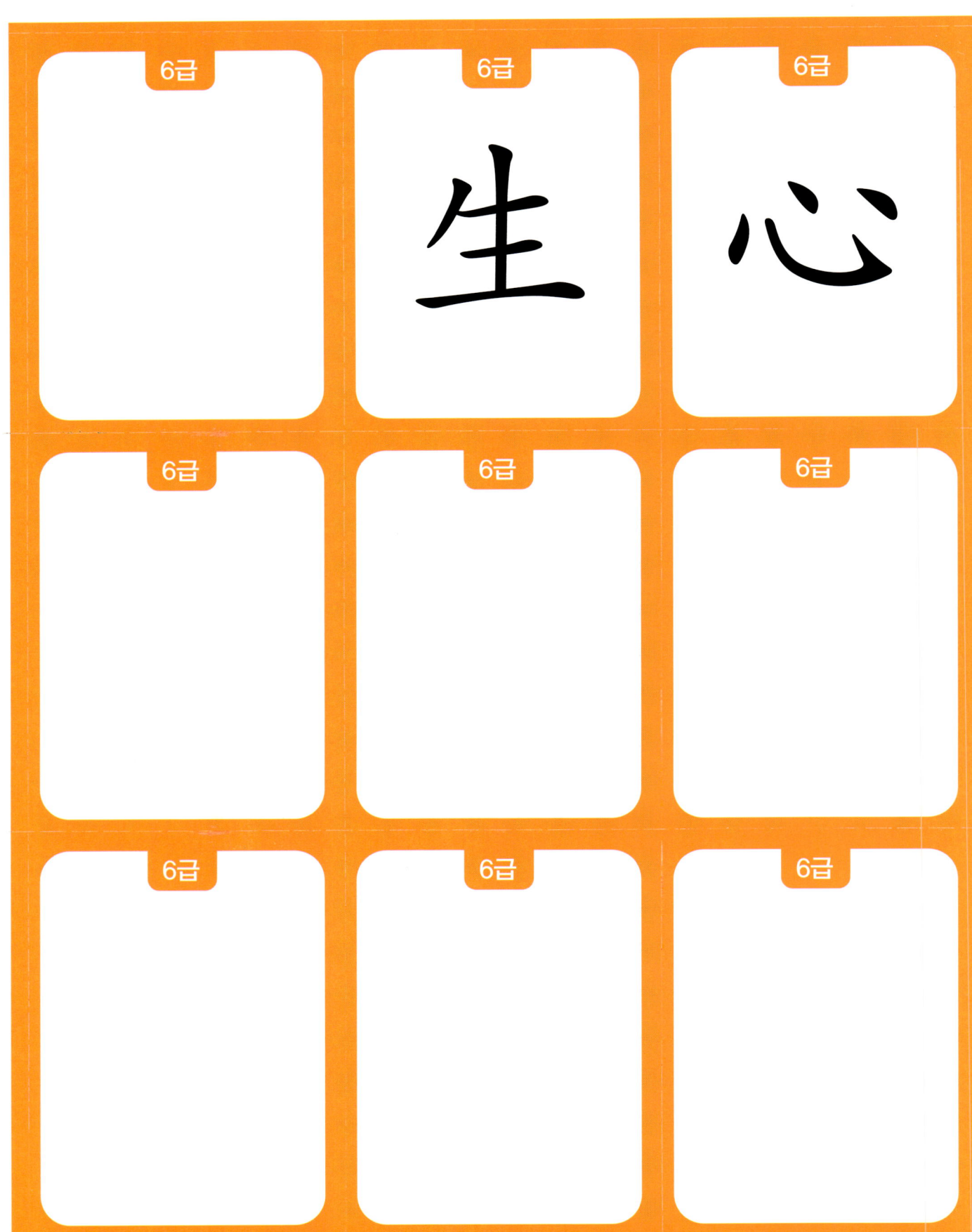